THE PITCHING EDGE

TECHNIQUE, TRAINING, MENTAL TOUGHNESS

Tom House

Tom House는 세계에서 가장 뛰어난 투수 전문가 중 한 명이다. 전설적인 대학 야구 코치 Rod Dedeaux의 지도로 미 남가주 대학교(USC)에서 야구선수 생활을 한 후, House는 메이저리그 (MLB)에서 애틀랜타 브레이브스, (1967~1975), 보스턴 레드삭스(1976~1977), 그리고 시애틀 매리너스(1977~1979) 팀에서 투수로 활약했다. 그 뒤론 휴스턴 이스트로, 샌디에고 파드레서, 그리고 텍사스 레인저스 팀에서 투수 코치를 했다. 그는 일본과 라틴 아메리카에서도 코치생활을 했다.

이런 야구 그라운드에서의 경력 이외에도, 하우스는 투구법 (피칭)을 과학적인 학문으로 발전시켰다. 그의 회사, Bio-Kinetics에서는 컴퓨터를 사용하여 만든 3차원적인 동작 분석 기술을 사용하여 적절한 생물역학을 통해 여러 운동선수들의 경기력을 최대로 이끌어 낼 수 있도록 도왔다. House는 또한 심리학 박사 학위도 받았으며 프로와 아마추어 야구선수들을 위해 운동심리학 자문가로서 도움도 주었다.

House는 8권의 야구 관련 책을 저술하였으며 투구법과 관련된 8개의 교육 비디오를 제작하기도 하였다. 그는 미국 메이저리그 협회 회원이면서 미국대학 스포츠의학회와 응용 스포츠 심리학진흥회의 회원이기도 하다. 1998년에는 미국 야구 코치협회로부터 평생 업적상을 받기도 하였다.

야구 코치직이나 투수들을 분석하지 않을 땐, House 는 조깅, 근력 트레이닝과 골프를 즐긴다. 그는 현재 아내 마리와 캘리포니아주 델마시에서 살고있다.

Hansol

메이저리그 마운드 도전

인 쇄　2014년 10월 30일　제1판 1쇄 발행
저 자　Tom House
역 자　최원호, 김병곤, 임승길, 윤완영, 이종열, 한경진
발행인　양방섭
발행처　한솔의학서적(Hansol medical book Co Ltd)
주 소　서울시 마포구 연남동 504-4 번지
전 화　02-3144-6788
정 가　18,000원

ISBN　978-89-94679-51-8　03690

메이저리그 마운드 도전

THE PITCHING EDGE

TECHNIQUE, TRAINING, MENTAL TOUGHNESS

역자

최원호
(현) 단국대학교 대학원 과정
(전) 현대 유니콘스 선수
(전) LG TWINS 선수 및 코치
(현) 최원호 피칭 연구소 대표
(현) X-TM 프로야구 해설위원

임승길, PhD
중앙대학교 체육교육학과 졸업
중앙대학교 대학원 졸업(석사, 박사)
Certified Strength and Conditioning Specialist
(현) 동신대학교 운동처방학과 교수

이종열
OWENS COMMUNITY COLLEGE 재학 중
(전) LG TWINS 선수
(전) LG TWINS 육성군 코치
(현) 미국 오하이오 볼링그린 하이스쿨 야구코치

김병곤, PhD
한국체육대학교 박사(스포츠 의학 전공)
(전) LG Twins 프로야구단 재활 및 컨디셔닝 트레이너
(현) 건강운동관리사협회 총무이사 겸 운동재활 분과장
(현) SPOSA Fitness(1:1) 대표

윤완영, PhD
고려대학교 사회체육학과 졸업
고려대학교 대학원 졸업(석사, 박사)
ACSM Certified Personal Trainer
(현) 서원대학교 임상건강운동학과 교수

한경진, PhD
단국대학교 대학원 이학박사
(전) LG TWINS 트레이너
(전) 국가대표 야구팀 트레이너
(현) KBO 육성코치
(현) 선수촌병원 재활원장

Hansol

서문

Southern California 대학의 야구 프로그램은 야구경기에 있어서도 풍부한 우승경험의 역사를 가지고 있으며, 야구 이외의 분야에서도 성장과 성공의 경험이 풍부한 대학이다.

이러한 경험은 최고의 선수가 되는 것만이 아닌 자기 자신의 정신적 부분뿐만 아니라 팀이 성공할 수 있는 기회를 늘릴 수 있다. 또한, 팀이 게임에 승리할 수 있도록 선수들을 힘들게 운동시키고 준비시키는데 있어서 많은 노하우를 가지고 있는 대학이다. 중요한 코칭 목적으로 자리 잡게 되었다.

내가 USC(University of Southern California)에서 투수로 생활할 때, 톰 하우스는 신체적으로는 다소 부족하지만 게임에 있어서는 스마트하고 윤리적으로는 아주 훌륭한 선수였다. 그는 항상 완벽한 방법을 찾아냈다. 이러한 톰의 재능은 그를 프로 선수로서 그리고 코치로서 이끄는 계기가 되었다. 저자의 입장으로 톰은 그의 교육철학과 연구 그리고 경험을 공유했다. 그가 발견한 것들은 투수로서 정신적인 부분과 신체적인 부분을 개발하는데 있어서 새롭고 좀 더 나은 방법을 제시했다. 미리 잘 준비하는 것은 항상 경기에서 승리할 수 있는 기회의 폭을 넓혀준다.

야구나 인생에 있어서, 정신적인 부분은 때때로 중요시 여겨지지 않을 수 있다. 이 책을 통해 여러분들은 톰하우스가 제공하는 수많은 정보들과 지도법, 영감들을 보게 될 것입니다. 그리고 마지막으로 기억하시오. 당신이 스트라이크를 던질 때 당신에게 좋은 일이 생길 것이라는 것을 기억하시오.

Rod Dedeaux

NCAA Division Ⅰ Coach of the century

역자 서문

2014년 한국 프로야구는 타고투저 현상이 매우 뚜렷하게 나타나는 한 시즌이 되고 있습니다.

전문가 및 미디어에서는 타자들의 파워 향상과 스트라이크 존의 좁아짐을 타고투저의 가장 큰 원인으로 분석하고 있습니다. 하지만 이 책의 번역을 담당한 선생님들은 투수들의 경기력 저하. 즉, 기술저하를 가장 큰 원인으로 말하고 있습니다. 따라서 투수의 경기력 향상에 가장 중요한 기술적 향상. 아니, 그것보다는 우리나라 투수들의 올바른 기술적 정립을 위한 전문서적이 필요하다는 판단을 하게 되었습니다. 투수의 지속적인 경기력 향상 및 유지를 위해서는 신체적(부상과 체력), 정신적(강한 멘탈), 기술적(좋은 투구폼)인 측면에서의 세심한 관리가 필요합니다. 이 책에서는 신체적, 정신적 측면보다는 올바른 기술 정립을 위한 내용이 많이 담겨 있습니다. 야구에 입문하는 선수, 아마추어 선수 및 지도자, 프로를 지망하는 선수, 프로 야구선수 및 지도자들에게 기술적인 기준을 세우는데 많은 도움이 될 것으로 판단됩니다.

현재 야구 아카데미를 통해서 투수를 직접 지도하고 있는 저(XTM 최원호)로서는 이 책의 이론적 투구 동작과 저의 투구 이론이 완전하게 일치하지 않는 부분이 있으나, 이 책 저자의 기술적인 부분을 있는 그대로 옮기는 것을 최우선으로 생각하며 충실하게 작업을 하였습니다.

이 번역서가 한국 야구선수들에게 올바른 투구동작을 익히기 위한 좋은 자료가 될 것으로 생각됩니다. 이 책의 번역에 기꺼이 동참해주신 한경진원장님(선수촌 병원), 김병곤 대표님(스포사피트니스), 임승길교수님(동신대), 윤완영교수님(서원대), 이종렬코치님(볼링그린하이스쿨)께 이 자리를 빌어서 진심으로 감사 인사 드립니다.

대표역자 최원호 올림

차례

PART 1

성공적인 투수의 5가지 공통점

The five absolutes of technique

PART 1

성공적인 투수의 5가지 공통점
The five absolutes of technique

"생체역학적 지식과 결과가 있다. 지식을 먼저 습득하고 결과가 나타나도록 하자"

투구 기술은 백여 년 동안 전수되어 왔다. 처음 90여년 동안 코치들은 투수들을 지도하기 위해 말로 전해지는 비법들과 자신들의 눈으로 보았던 경험을 사용하였다. 이러한 시행착오는 프로 코치들이 비디오 기법을 지도기술에 적용하기까지인 70년대 중반까지 계속되었다. 최근 5년간 스카우터와 코치들은 선수들을 수급하고 육성/양성하는 데 있어 3차원 컴퓨터 동작분석을 적용해왔다. 21세기의 첫 10년 동안 동작분석 기술이 일반화될 것이라고 예상된다.

최고의 코치들은 보통 3차원적으로 생각한다. 그리고 최고의 투수들은 항상 3차원적으로 또는 효율적으로 행해지는 방법을 개발한다. 하지만 지도자와 선수들이 기술을 터득하는 방법에 있어서는 아직도 발전하여야 할 것이 많다. 정보 없이는 교육도 없다.

코치와 투수의 관점 차이 Coach vs. Pitcher Perspective

코치와 투수들 사이엔 언제나 차이점이 존재한다. 이는 코치가 보고 듣는 것과 투수들이 느끼고 행하는 것의 오해에서 발생하는 정보의 차이이다. "코치들은 보고 가르친다. 선수들은 느끼고 행동한다." 나는 다음과 같은 말로 이러한 의사소통 과정을 정리하고자 한다. "그들에게 느낌을 주는 것은 당신에게 달린 문제입니다?" 이러한 차이점을 어느 정도 연결할 수 있을 것 같다. 또한 많은 코치들은 옳은 것을 가르쳐 왔으나 잘못된 근거가 있었다.

코치들은 자신이 보고 싶어 하는 것이 무엇인지 알고 있었으나 그 이유와 방법을 몰랐다. 나는 종종 좋은 코치가 얘기하는 것을 듣는다. "난 정확하게 그게 무엇인지는 모르겠어, 하지만 그것을 보는 순간 바로 인식할 수 있어!" 이것은 코치와 투수 간에 또 다른 차이를 만든다. 너무 많은 사람들이 "이렇게 해봐. 아냐, 그것이 아냐... 저렇게 해봐... 아냐, 그것은 아냐"라고 말한다. 이 상황은 서로를 아주 불만족한 상태로 만든다.

하지만, 오늘날 비디오와 컴퓨터의 결합으로 코치들을 객관적인 생체역학적 피드백(feedback)을 투수에게 제공해 줄 수 있게 되었다. 이것은 코치와 투수 간의 차이를 비약적으로 좁혀 주었고, 투구에 있어서의 그 무엇과 그 이유를 서로 일치시켜 코치와 선수가 배우는 간격을 좁혔다.

코치와 투수 사이의 의사소통에 있어서 마지막 연결고리는 생체역학자들이 말하는 고유수용성 감각(proprioception)이다. 고유수용성 감각은 내면의 감정으로 공간에 있어 자신의 신체 혹은 신체 일부분이 어디에 있는가를 지각하는 것이다. 선수들은 듣고, 보고, 느끼는 것을 통해 배운다. 느낌은 그 세 가지 중에 가장 효율적이다. 따라서 나는 가능하다면 언제나 투수들이 익히기를 원하는 자세나 움직임을 위해 느낌을 훈련하도록 특정 기구들을 활용한 훈련을 권한다. 이러한 훈련 방법은 기술을 숙련하는 데 많은 도움이 된다.

5장에서는 선수 선발에 있어 아주 필요한 기술과 정보 그리고 지도법에 관한 것을 다루었다. 나는 모든 코치와 투수들이 올바른 근거를 가지고 올바른 투구동작(mechanism)에 접근하는 방법을 보여줄 것이다. 서론에서 언급했듯이, 투구폼은 투수가 재능과 기술을 쉽게 융합하도록 반드시 수행해야 하는 연속적인 동작으로 투수의 움직임을 연속성에 따라서 적절히 지향해야 할 방법이 된다. 광범위한 데이터베이스를 통해 진행된 연구는 성공적이고 건강한 투수가 되기 위한 다섯 가지의 절대적인 공통점을 밝혀냈다.

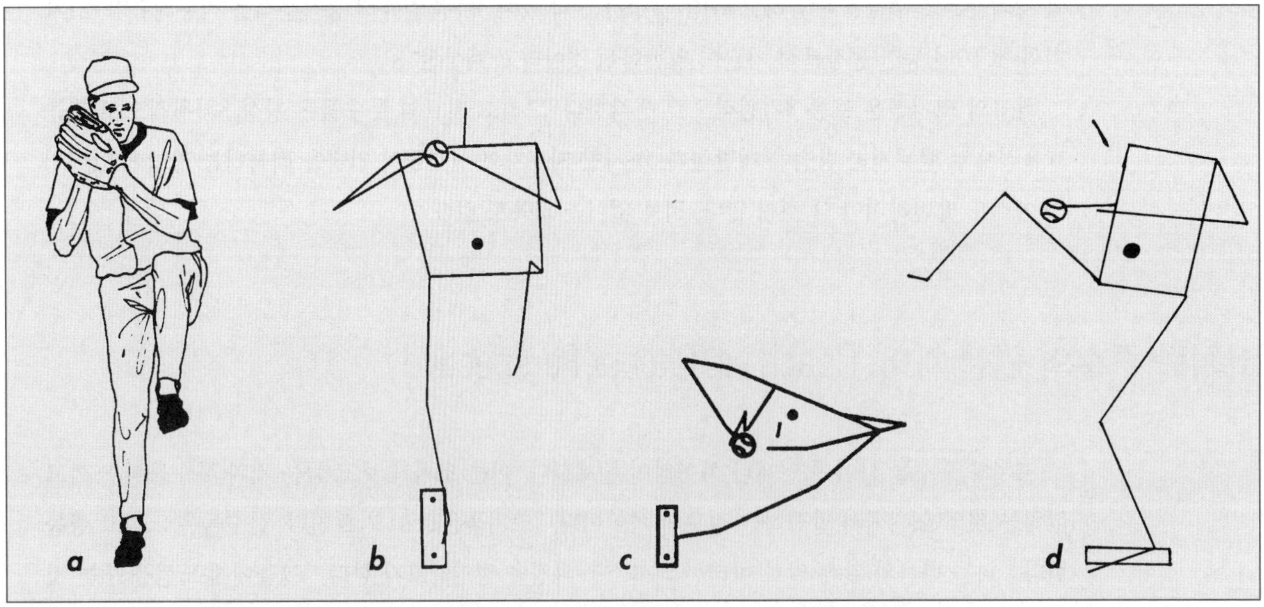

그림 1.1, a~d. 4개의 그림 모두 투구동작에서 동일한 시점에 서로 다른 관점으로 투수를 바라본 것이다.

(1) 균형, (2) 자세의 안정, (3) 풋 스트라이크(foot strike)에서 팔꿈치 정렬, (4) 늦은 몸통 회전(late torso rotation), (5) 릴리즈 시 굽은-T 팔꿈치 자세(flex-T elbow position).

각각의 '내용'은 이후의 장에서 소개될 것이다. 각각의 장은 시합 상황에서의 기술뿐만 아니라 준비과정에서의 기술을 개선하려고 하는 코치들과 투수들을 위해 정보와 지도법을 제공할 것이다. 그리고 투수는 던지는 일에 있어서 최악의 생체역학적 과제 수준의 능률 정도 밖에 할 수 없다는 것을 항상 기억해야 한다. 생체역학적 비효율성은 언제나 나쁜 결과 혹은 부상을 가져오게 된다.

글을 보완하기 위해, 나는 투수의 구체적인 투구동작의 구성 부분을 모델화하기 위해 일러스트레이션 그림이나 컴퓨터로 생성된 막대 모양의 형태를 삽입하였다(그림 I.1 참조).

시간을 가지고 특히 막대 그림(stick figures)들을 연결시켜 잘 비교하고 인내심을 가지고 세 가지 모든 막대 모양 시점을 이해하도록 하라. 내가 처음 동작 분석을 시작하였을 때는 모든 것이 거미들 같았고 오른쪽, 왼쪽, 앞, 뒤, 위, 아래를 구분 짓기가 너무 어려웠다! 여기 내가 내 눈을 훈련하던 그림이 있다(그림 I.2 참조). 전방에서 보았을 때 당신이 포수라고 가정해 보라.

당신은 이제 전문가이고 1장부터 5장까지 익힐 준비가 되었다. 좋은 탐독과 함께 행운이 있기를 바란다.

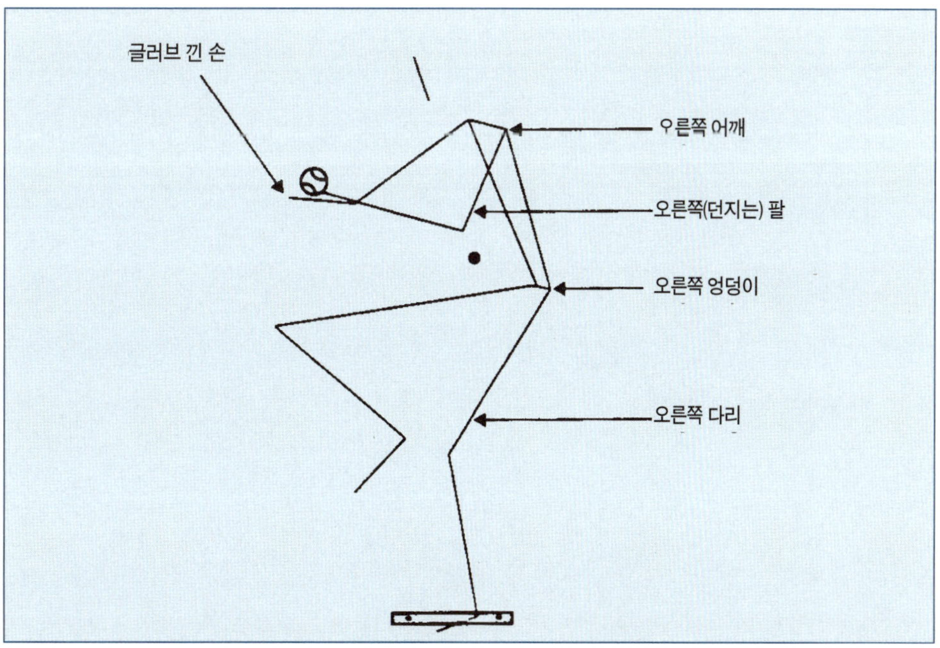

그림 1.2 이 그림은 투수를 바라보는 포수의 시각이다. 이 책에 사용된 막대 그림을 이해하기 위해 당신의 눈을 훈련 시키는 데 이 그림을 사용해라.

CHAPTER 1

동적 균형 Dynamic Balance

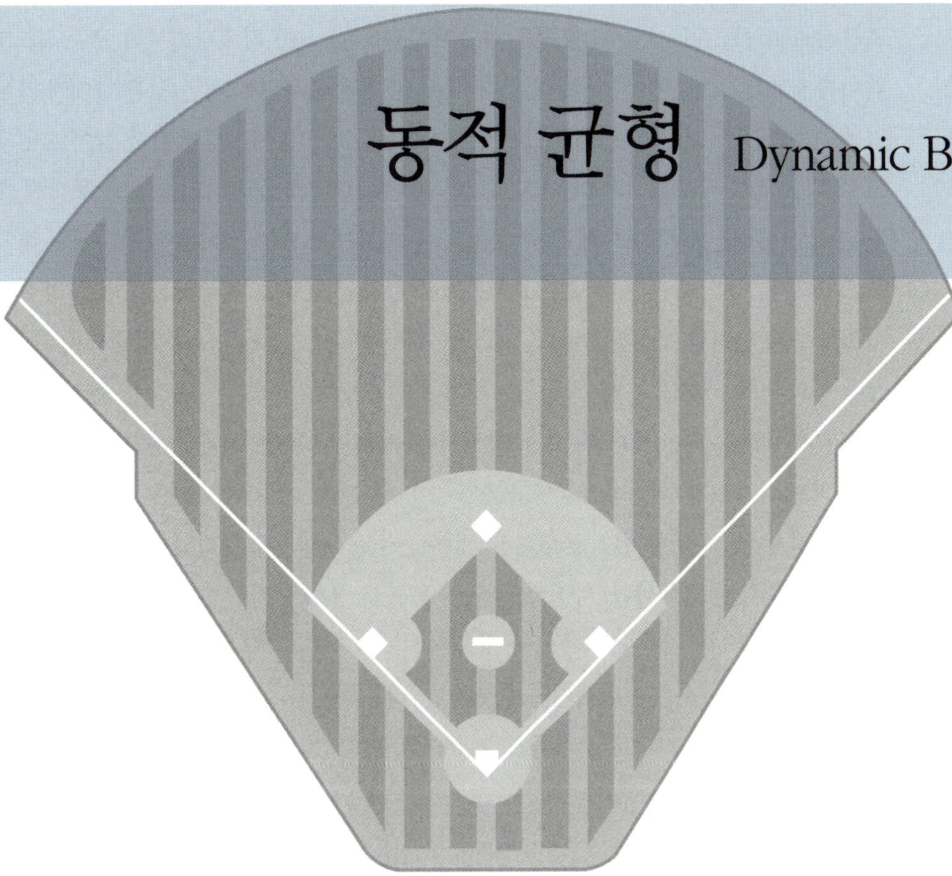

"톰, 나는 다리를 더 높이 들 때마다 더 빠르게 던져. 당신의 컴퓨터에 입력해 줘!"

놀란 라이언, 1989

놀란 라이언(Nolan Ryan)은 나의 "과학적인 지식"을 퇴색시키는 의미로 "일반적 상식"을 사용하여 알링톤 구장에서 기술강의를 지도하고 있었다. 그것이 놀란 라이언의 레인저스에서의 첫 번째 해이고 나의 레인저스 투수 코치 4년째 해였다. 우리의 피칭에 대한 대화는 그의 경기에 관한 대화만큼 경쟁적이 되어 갔다. 그의 직관은 도전적이었는데, 그것은 야구에 있어 절대적 파워 투수로서의 위상 때문이 아니라 그것이 우리에게 질문하도록 했기 때문이었다.

내가 말하는 우리는 나와 솔트레이크시에 있는 컴퓨터 동작 분석 회사인 바이오키네틱스(BioKinetics)의 나의 파트너들이다. 당시 내 "상담" 요원은 우리 생체역학자이자 프로그래머인 앨런 블리츠블러(Alan Blitzblau)였다. 앨런은 체인지업(change-up) 키네틱스사의 모든 하드웨어와 소프트웨어를 설계했고, 그 어느 야구코치보다 더 많은 인간 움직임에 대한 것을 나에게 가르쳐줬다. 그가 가장 선호하는 두 가지 말은 이거였다. "어떻게 생각하는지 시스템에 한번 물어보자!" 그리고, "아마도 더 나은 질문이 우리에게 더 나은 대답을 줄 것이다". 자신의 다리를 드는 동작에 대한 놀란의 의견은 이 선호하는 말의 범주에 해당되었고, 나는 그가 느끼는 것이 무엇인지에 관해 더욱 호기심을 갖게 되었다. 나는 앨런을 불러서 내 생각을 설명하였고, 바로 컴퓨터를 활용한 분석을 요구하였다. 이것이 그가 발견한 것이다.

놀란의 왼쪽 다리는 그의 전체 몸무게의 19퍼센트였다. 놀란은 다리를. 6인치 더 들어 올림으로써 홈플레이트(home plate) 쪽으로 향하기 전에 대략 3퍼센트 정도의 더욱 많은 위치에너지를 그의 몸의 에너지 시스템에 축적할 수 있었다. 이 에너지는 그의 착지 발이 땅을 밟을 때, 좀 더 에너지를 전달할 수 있게 해 주었다. 구속이 더 많이 전달된 에너지로 말미암아 약 2mph 정도 증가하였다. 보통 그렇듯 놀란이 옳았다. 하지만, 놀란의 힘과 유연성은 독보적이었다. 그는 대부분의 다른 투수들이 할 수 없는 더 높게 다리를 드는 동작에서도 완벽한 균형을 유지할 수 있었다. 따라서 그렇게 높게 다리를 드는 것은 놀란에게는 통했지만, 많은 투수는 그것이 반대로 그들의 역동적인 균형에 영향을 미치기에 그 기술로부터 얻을 수 있는 것이 없었다.

체중 이동 시 균형의 유지 Balancing the Delivery

균형은 그 어떤 인간 동작에서도 효율을 위해 필수 불가결한 요소다. 동적인 균형은 특히 투수들이 공을 던지기 위해 엉덩이, 몸통, 팔의 회전과 상체를 유지하는 상황에서 하체를 발과 다리와 조화를 이루도록 노력하며 스트라이드(stride down, 투구 시 스텝을 의미)할 때 중요하다. "동적"이란 말은 투구 동작들을 통한 균형이 정적이거나 출발 혹은 끝나는 것이 아니기에 중요한 말이다. 단순히 보면, 동적인 균형은 와인드-업이나 스트레치(strech)에서 처음 움직임부터 끝나는 순간까지 중력의 중심(center of gravity)을 통제하는 것이다. 오랫동안 나를 포함한 투수 코치들은 다리를 드는 동작(leg lift)에서 스트라이드(stride, 앞발을 크게 내미는 동작)를 할 때 주로 "러싱(rushing; 급격히 몸이 앞쪽으로 쏠리는 현상)"을 방지하기 위해 "가장 높이 선 자세에서 정지(stop at the top)"나 "균형의 박자(bit of balance)"를 가르쳤다. 그것은 좋은 교습법이 아니었다. 관성의 법칙은 우리에게 움직이는 물체는 계속 움직이는 상태로 있으려고 한다는 것을 알려준다. 일단 야구공을 던지는 동작을 시작

한 상황에서 몸의 움직임을 멈추는 투수는 누구나 운동에너지와 싸우게 된다. 그리고 바로 다음 장에서 알게 되겠지만, 다리 들어 올리기의 가장 높은 자세에서 멈추는 것은 어떤 투구 단점도 고칠 수 없다. 우리 투수 코치들이 러싱이라고 생각했던 것은 증상을 잘못 진단한 것이다(4장에서 고찰될 것임).

투구동작에서 균형은 정적이 아니라, 동적이다. 데이빗 콘(David Cone)과 같은 성공적인 투수들은 처음 움직임부터 마지막까지 균형된 자세에서 그들의 무게중심을 유지했다.

와인드-업과 스트레치(strech)는 일단 축발의 공이 투구판 앞쪽으로 나가기 시작하면 정말 똑같은 물리적 움직임을 보인다. 레그 리프트 동작은 머리가 배꼽(무게중심), 축발 위로 움직이면서 상체에 흡수된다. 손은 턱과 배꼽의 라인 안쪽인 중간 몸통 구간이나 들린 다리의 무릎 안쪽에 위치해야 한다. 엉덩이와 어깨의 각도와 회전은 레그 리프트의 높이가 그렇듯, 투수마다 다르다. 하지만, 몸이 홈 플레이트 쪽으로 움직일 때, 들어올린 다리의 무릎 아래쪽에, 절대 바깥쪽이 아닌, 위치해야 한다.

최적의 균형은 들어올린 다리의 무릎이 최고 높이에 도달했을 때 무게중심이 축발의 볼발의 앞쪽 둥근 부분을 뜻 함을 약간 안쪽으로 안정화 시키면 얻을 수 있다. 투수가 와인드-업에서 물러서는 유일한 이유는 투구판에서 축발을 벗어날 때 뿐이다. 투구판 뒤쪽의 어떤 과도한 움직임은 균형을 더욱 어려워지게 할 뿐이다.

들고 내리기 Tall and Fall

사지(팔과 다리) 동작은 무릎이 위쪽에서 아래쪽으로 방향이 변하기 때문에 레그 리프트(leg lift)의 맨 위 지점에서 잠깐 멈춘다. 하지만, 전체 몸은 일단 움직임을 시작하면 홈플레이트 쪽인 앞쪽으로 계속 움직인다. 이 지점이 투수가 위치에너지를 최대로 하고 마운드를 크게 디뎌 내리며 운동에너지로 바꾸기 위한 준비가 되는 곳이다. (그림 1.1 참조)

나는 서두에 근육과 운동에너지를 연관지어 발로부터 에너지를 흡수하고 유도하여 중지(middle finger)를 통해 바깥으로 공까지 전달하는 것을 얘기했다. 성공적이고 건강한 투수들은 동적인 균형에 의해 에너지를 축적하고 전달할 수 있다. 그들은 시합에서 일관됨을 유지하기 위해 준비에서부터 균형에 의한 에너지 축적 및 전달을 배워야 한다.

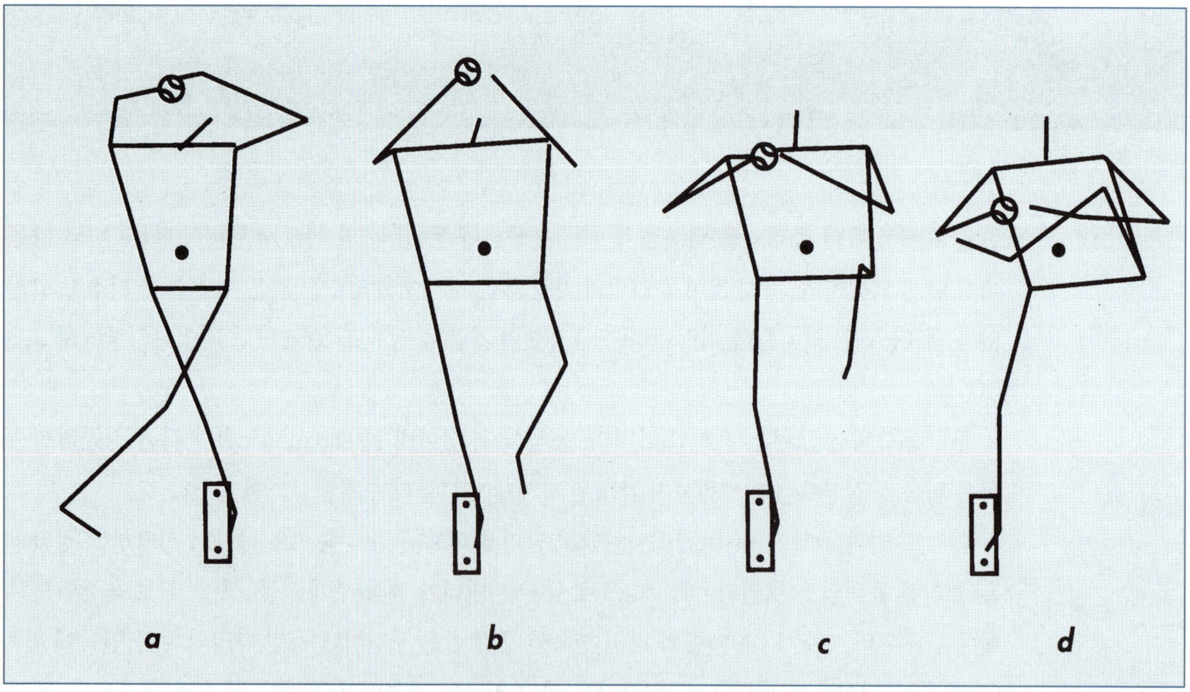

그림 1.1, a~d 움직임은 축발을 고정한 상태로 시작한다(a). 고무판의 앞에 축발을 고정한다(b). 스트레치 움직임은 무게중심과 축발의 볼(ball of the pivot foot) 위에 머리를 위치시키고 시작한다. 들어 올린 발은 들어 올린 무릎의 아래에 둔다(c). 동적균형은 몸 전체를 축발의 볼 안쪽 무게중심으로 움직임으로써 유지된다(d). 머리와 무게중심은 일직선 상태 두고, 들어 올린 무릎은 팔, 글러브 그리고 볼을 정점에 이르게 하면서 무게중심과 머리보다 앞쪽에 오게 한다.

동적인 균형 익히기 Learning Dynamic Balance

투수들은 동적인 균형을 학습하면서 동작과 반응의 논리를 완전히 이해해야 한다. 투수들은 자신의 무게중심 주위에 에너지가 모이는 것에 대한 느낌을 배워야 한다. 나는 평평한 땅에서 운동하면서 머리와 발의 관계에 대한 교육을 시작하는 것을 권한다. 투수의 머리는 그의 축발에서부터 시작하는 가상의 수직선상에서 벗어나면 안 된다. 사실 머리가 투구판 뒤로 가는 유일한 경우는 투수가 로진백을 집어 들 때다. 투수는 팔과 손, 다리, 발을 가능한 한 몸통에 가깝게 붙여 수직축을 중심으로 회전하거나 혹은 머리, 무게중심, 축발로부터 나오는 모양에 따라 안정되게 만들어야 한다. 투수가 어릴수록(힘과 조화 때문에), 더 적은 움직임이 더욱 좋다.

와인드-업과 함께 가슴 앞으로 글러브를 위치하고 손과 공을 숨기되, 손과 공은 둘 다 1피트(30.48cm) 정도의 투구판에서 위쪽과 앞쪽으로 위치해야 한다. 축발이 투구판 앞으로 나올 수 있도록 약간 뒤쪽이나 옆 쪽으로 스텝을 밟도록 하는데 그 지점에서 뒤꿈치가 발가락 끝보다 높도록 해야 한다(이것은 발의 볼에 무게를 더하도록 한다).

기술 훈련 Drills for Skills

스텝훈련

계단이나 발판을 찾고(심지어 오래된 철목도 좋다), 계단 위에 발을 딛고 스트레치(strech) 자세라고 가정하자. 무릎은 유연하게, 복근은 당겨주고, 발은 크게 벌려 착지 발을 딛고, 다시 되돌아온다. 이 동작은 손을 가슴에 고정하거나 가벼운 아령을 들어도 좋고, 안 들어도 좋으며, T자 모양을 유지하며 할 수 있다. 머리는 움직이는 내내 지면과 평행을 이루도록 한다.

a b c

머리는 언제나 축발(pivot foot) 위에 있도록 한다. 앞쪽 발을 차지 말고 드는 데(엉덩이 말고 대퇴부를 이용) 무릎 아래 발이 어떤 높이든 혹은 어떤 각도를 유지하든 편한 상태를 유지한다. 앞발을 드는 동작은 유동적이고 과격하지 않은 동작이므로 균형에 영향을 미쳐서는 안 된다. 스트레치(strech)에서 투수의 몸은 축발 및 착지 발과 함께 이미 홈플레이트(home plate)와 수직으로 서는데, 이것은 축발의 뒤꿈치가 발가락 끝보다 더 높도록 하고, 몸무게가 발의 전체로 골고루 분배되도록 하는 것이 중요하다. 손과 글러브는 함께 움직이며 턱과 배꼽 사이 중간의 "엘리베이터 라인" 안쪽에 편안하게 위치하거나 혹은 든 다리의 무릎 정점 바로 위쪽에 위치한다.

투수는 머리를 라인 위쪽과 무게중심(혹은 배꼽)의 약간 앞쪽에 위치시켜야 한다. 또한, 머리는 투구판에 버티는 축발로부터 몸무게가 마운드의 내리 경사(downhill slope)에 착지하는 앞발로 이동할 때, 두 발의 볼이나 발등 사이에 머리가 있어야 한다. 앞발의 착지 후에는 머리와 무게중심이 앞쪽으로 마운드 경사면을 따라 평행하게 이동하며 착지 다리(landing leg)의 무릎 쪽으로 움직인다. 머리와 무게중심이 앞쪽으로 움직일 때(기능적인 힘과 유연성이 허용하는 한), 몸통과 팔이 야구공을 투구하기 위한 회전의 축이 되어야 한다. 투구 동작에서 역동적인 균형을 잡기 위해서는 머리의 무게중심이 앞쪽으로, 배꼽이 착지 무릎으로, 등, 어깨, 그리고 머리가 가능한 한 홈플레이트(home plate)에 가깝게 평행이 되는 위치까지 앞으로 굽어진다. 릴리즈 포인트(release point)에서 머리와 무게중심은 홈플레이트(home plate) 및 포수의 타겟과 직선을 이룬다. 공을 릴리즈 한 후, 투수의 마무리는 발의 디딤과 투구의 투구동작을 위한 기능으로 필수적으로 따르는 요소다. 코칭 시간을 투수가 그의 투구동작을 어떻게 끝내야 하는지를 낭비하지 말자.

동적인 균형에 대한 이번 장의 이해는 자세 안정의 필수적인 요소들의 일련 과정에 대한 정보와 학습법을 만들어야 하며, 우리의 다음 장인 절대적인 요소와 주제를 이해하도록 한다.

하우스 룰(실제 야구에서 할 수 있는 규칙)

동적인 균형을 위해 다음 두 가지 기본적인 규칙을 지켜야 한다.

1. 발뒤꿈치에 무게중심을 두지 마라!(Stay off your heels)

   몸무게는 동적인 균형을 위해 당신 발의 볼 위 혹은 발과발 사이에 항상 분배될 수 있도록 하라.

2. 당신의 시선을 항상 땅에서 수평이 되도록 하라!

   당신의 시선이 수평이면, 당신의 머리는 항상 당신의 배꼽 위에 위치한다. 사람의 어느 동작에서나, 무게중심이 발의 볼 위 혹은 발과발 사이에 분배되고, 머리가 무게중심 위에 위치한다면 동적인 균형을 얻을 수 있다.

프로들을 통해 보는 예시

올바른 동적 균형

트로이 퍼시벌(Troy Percival)은 발을 들어올리면서(leg lift)함께 몸통을 비틀지만, 머리는 축발(posting foot)의 볼 안쪽에서 무게중심 선 위쪽에 위치한다.

톰 시버(Tom Seaver)는 무릎을 곧게 올리고 앞·뒤로 어깨를 흔들고 꼬지만, 머리는 축발의 볼 안쪽에서 무게중심 선 위쪽에 위치한다.

부정확한 동적 균형

프랭크 비올라(Frank violo)는 왼쪽 발과 등을 휘며 스트라이드(stride)를 하는데, 머리가 1, 3루 선상 기준 무게중심 선에 위치하고 홈, 2루 선상의 뒤쪽에 있어 동적인 균형을 잃는다.

론 기드리(Ron guidry)는 레그 리프트(leg lift)와 함께 뒤로 기울어져 스트라이드(stride)를 하며 동적인 균형을 잃는다. 머리는 홈, 2루 선상의 무게중심 선에 있고 1, 3루 선상 무게중심 뒤쪽에 위치한다.

CHAPTER 2

자세의 안정화 Postural Stabilization

"휴시(Housie), 발과 함께 던져"

데이빗 가르시아(David Garcia), 캘리포니아 엔젤스 코치, 1975

"톰(Tom), 머리를 써, 그게 네 몸을 돌볼 거야"

타쯔로 히루카, 지바 롯데 마린스 단장, 무술가, 1996

1975년 샌디에고 야구 교실 포럼(forum)에서 크리스마스 캠프 브레인스토밍 세션(session)에서 데이브가 나에게 한 말은 모든 코치를 사로잡았다. 우리는 젊은 투수들이 공을 던질 때 몸을 더욱 효율적으로 움직이는 최선의 방법을 찾기 위해 노력하고 있었다. 우리는 발에서부터 시작해서 일련의 가르칠 수 있는 동작들을 세분화하여 분석하는 방법을 사용하였다. 투구동작에서 상체가 움직이기 전에 하체가 먼저 자세를 취한다는 것은 야구를 하면서 처음으로 알았다. 히루까(Hirooka)의 2000년 된 무술 고수의 움직임으로부터 나온 말은 이를 단적으로 비유하고 있다. 그것은 내게 효율적으로 던지는 사람이나 투수들이 공을 던질 때 그들이 머리를 어떻게 하는지를 더욱 자세히 보도록 해주었다. 종합적으로, 발과 머리의 움직임을 완전히 익히는 것은 투수들의 교육을 정말 간단하게 해주었다.

이러한 접근의 중요성을 보여주기 위해, 나는 투구동작을 위한 장소에 앞서 던지기 장소를 권장하려 한다. 우리는 그것이 마운드 위에서의 교육도 훨씬 효과적이게 한다는 것을 발견했다. 이 개념은 내가 전 세계 클리닉에서 사용하는 바이오 키네틱스사(BioKinetics)의 평지에서의 던지기 프로그램의 개발을 이끌어내었다. 나는 또한 이 프로그램을 트레이너, 물리치료사, 컨디셔닝 코치들이 운동장에서 실시하는 것을 보완토록 사용하고 있다.

평지 던지기 Flat-ground Throwing

가르시아(Garcia)와 히루까(Hirooka)는 둘 다 옳았다. 던지기는 발에서 시작하여 다리, 몸통, 팔, 마지막에 공에 이르는 과정을 따라 진행된다. 이 모든 동작은 머리가 고정되고 타겟 쪽인 앞쪽으로 움직일 때 더욱 능률적이다.

당신의 선수들을 편안한 거리에 2명씩 짝을 지어 서게 하라. 투구동작을 연습할 때는 언제나 짧은 거리가 너무 먼 거리보다 낫다. 거리가 멀어질수록 실수들이 잦아지기 때문이다. 또한, 평지에서는 몸에 훨씬 적은 힘이 든다(몸무게의 두 배 vs 마운드는 여섯 배). 따라서 신체적인 에너지 소모나 땀은 던질 때(투구 때)마다 훨씬 적어진다. 그리고 앞발이 땅에 닿을 때, 근신경계의 연속적인 움직임은 평지에서나 경사면에서나 같다. 따라서 기술도 더욱 적은 부담으로 배울 수가 있다. 선수가 제대로 던질 수 없다면 투구도 제대로 할 수 없다. 안정된 자세를 위한 교육은 평지에서 던지기와 일련의 스킬 교육을 시작으로 좀 더 복잡한 와인드업과 스트레치(strech)의 동작들을 우선 평지에서 하고 다음에 마운드에서 하도록 한다.

투수들은 야수들과는 약간 다르게 평지에서의 캐치볼을 하도록 장려하여야 한다. 파트너에게 공을 받은 다음 투수는 옆으로 서서 스트레치(strech) 자세를 취하도록 해야 한다. 그리고 (a) 앞발을 앞으로 크게 디디며 최초의 힘을 주고, (b) 뒷발을 앞발 뒤쪽에 스텝을 밟으며 다리와 엉덩이를 고정한다. (c) 다시 앞발을 크게 디디며 손을 자연스럽게 풀고 글러브를 목표 방향으로 향한다. (d) 윗몸을 앞으로 굽히며 공을 던진다.

그림 2.1은 이러한 움직임을 보여주고 있다. 어떻게 머리, 배꼽, 발이 송구과정에서 평행을 유지하는지 주의하라.

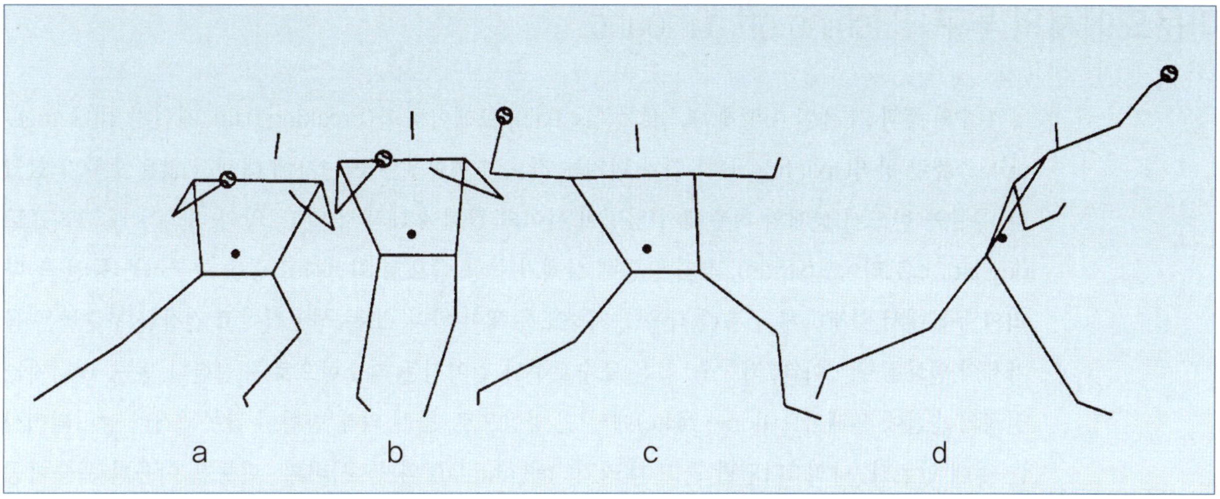

그림 2.1, a~d (a) 평지 던지기의 올바른 시작을 위한 절차는 투수가 공을 잡고 발목을 지면과 직각을 이루고 서 있는 것이다. (b) 그런 후에 선수는 발등을 위로 유지하는 기술을 이용하는 셔플스텝(shuffle step: 발을 끄는 동작)을 취한다. (c) 선수는 손을 뒤로 한 채, 엄지는 아래 방향으로 유지하고, 팔꿈치는 투구위치에서 위로 든다. (d) 마지막 단계는 상체를 감속한 채 착지 무릎 위쪽으로 상체를 넘기는 단계이다.

평지 투구 Flat-ground Pitching

평지 투구를 할 때에는 우선 스트레치(strech)의 매커니즘을 익히고(거의 움직이지 않는 부분), 그 다음에 와인드-업을 익히는 것이 좋다. 공을 받는 동작을 짧게 하고 제대로 된 폼에 강한 집중력을 가지고, 하지만 몸과 팔에 물리적인 부담을 낮게 하여 투구를 하라. 그것이 짧은 거리에서 적은 힘으로 하는 운동이기에, 투수들은 연습 수를 늘릴 수 있다. 적은 힘으로 실시하는 더 많은 반복은 동작 기술을 익히는데 매우 유용하다. 이것은 또한 투수가 부상으로부터 회복하기에 좋은 방법이기도 하다.

적은 힘을 가지고 평지에서 하는 운동 때문에 "잃는 것"에 대해 염려하는 사람들은 기억하라. 몸은 어떻게 빨리 던지는가를 절대 잊지 않는다. 후에 어떻게 잘못 던지는가를 배울 뿐이다. 놀란 라이언(Nolan Ryan)은 최근 텍사스(Texas)에서 선발 경기 출장 사이에 마운드에서 거의 공을 던지지 않았다. 그럼에도, 그는 자기 자신, 투구동작, 신체적 준비, 영양에 대해 해박했기 때문에 44세의 나이에도 여전히 90마일(시속 145Km 전후) 중반대의 던질 수 있었다.

마운드에서의 투구 Pitching off a mound

투수의 폼과 그 폼이 어떻게 패스트볼(fast ball), 브레이킹 볼(breaking ball), 체인지 업(change-up), 스플릿 핑거(split finger)의 힘과 던지는 각도에 영향을 미치는가에 대해서 많은 오해가 있었다. 투수는 반드시 상체의 척추에서 엉덩이 사이의 관계에 대해서 알고, 앞의 다리가 레그 리프트(leg lift), 스트라이드(stride), 착지를 통해 상체가 몸통 쪽으로 회전하고 공을 투구하는 동안 축 다리의 무릎에서 일정하게 구부린 각을 유지하도록 해야 한다. 모든 성공적이고 건강한 투수들은 몸 자세의 변화를 위 · 아래, 좌 · 우, 혹은 포수로부터 멀어지든 최소한으로 유지한다. 운동 에너지는 절정의 순간에 홈레이트(home plate)에서 먼 방향으로, 몸에 의해 방향이 잘못되거나 낭비되어서는 절대 안된다. 나의 "디딤발 들고 내리기("tall and fal)"와 톰 시버의 "반동을 이용한 체중이동(drop and drive)"은 모든 선수에게 일률적으로 적용하기에는 부적절하다. 경험으로 볼 때 두 코칭 방법은 투구동작에서 우리가 눈으로 본 것에 대한 불행한 오역의 마지막 모습이다 (말이 좀 어렵지만 뜻은 투구동작에서 눈으로 본 것과 실제 행해지는 동작과의 차이가 있음에도 모든 투수들의 그것을 다 코칭 방법에 반영할 수 없었다는 뜻). 모든 투수는 기계적인 그리고 물리적인 운동에 있어 다르,ㄴ사람과 다른 자신만의 독특한 폼을 취한다. 말하자면, 투수들은 자신의 신체 구조, 힘, 팔의 경로에 기초하여 투구과정에 필요한 몸 자세를 찾는 것이다. 나쁜 자세로 시작한다면 투수의 몸은 경로가 자주 바뀌고 비효율적이 된다. 정말 좋은 자세로 시작한다면 투수는 더욱 적은 힘으로 더욱 많은 스트라이크를 던질 수 있을 것이다.

나는 또한 스트라이드(stride)의 거리나 방향을 지시하는 것이 불필요한 교육임을 깨달았다. 왜? 동적인 균형과 자세의 안정은 둘 다 자연스럽게 행해지기 때문이다. 조금 앞서 가지만 지금 한번 이것이 맞는지 한번 해보자. 무릎을 구부리고 복근을 팽팽하게, 다리를 들고 스트라이드를 해보라. 실제로 착지에서 뒷꿈치가 땅을 치며 발가락을 뻗는 것은 불가능하다. 당신이 집중력을 가지고 투수판에서 마운드를 내려가며 그렇게 한다면 종종 당신의 키와 비슷한 거릴 착지하게 될 것이다. 그것은 당연하다(그리고 가르치기도 쉽다!). 하지만 많은 코치가 아직도 몸을 가로질러 던지는 것을 걱정하고 있기에, 나는 스트라이드의 방향에 대해 얘기해 보겠다. 홈플레이트(home plate)를 향한 직선상의 스트라이드는 투수가 착지 시 단지 머리를 무게중심의 위에 유지하고, 가능한 한 늦게 회전

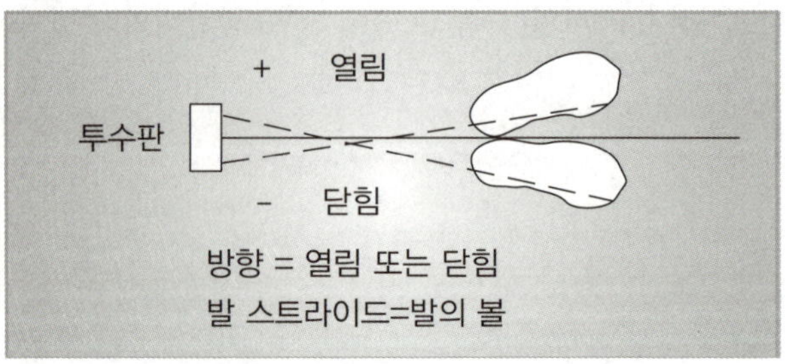

그림 2.2 투수가 다리를 지면에 내 딛을 때, 발 모양이 약간 열리거나, 직선이거나 닫혀서 착지할 수 있다.

로저 클레멘스(Roger Clemens). 잘 던지고 건강한 투수인 로저 클레멘스(Roger Clemens)는 모든 운동에너지를 홈플레이트(home plate) 쪽으로 전달하면서 안정성을 유지한 자세를 취한다.

(4장에서 살펴보자)을 시키면 달성할 수 있는 방향의 파생물이다. 투수의 착지발이 자신의 몸통보다 넓게 땅을 밟는 것은 불가능하다. 말하자면, 가능한 한 발의 볼(ball of feet)을 길게 하고 늦게 회전한다면(그림 2.2) 몸을 가로지르거나, 똑바로 가거나, 약간 오픈되게 공을 던지라고 한다.

어떤 투수들은 땅을 딛고 발의 볼을 굴리지만 대부분 발가락을 아래로 굽히거나 평편한 발모양을 유지한다. 발가락을 앞으로 빼면서 착지하는 것은 좋은 것이 아니다.

나는 또한 오른손 투수는 투구판의 오른쪽에서, 왼손투수는 왼쪽에서 던진다는 나의 지난 교육을 바꾸고자 한다. 이것은 포심 패스트볼(Fast ball across four seams)을 던지는 파워피처에게 해당되는 내용이다. 투심 싱커를 던지는 왼손투수의 경우 오른쪽에서 던지는 것이 낫다. 왜? 던질 수 있는 더 많은 플레이트 공간이 있기 때문이다(우리는 캐빈 브라운에서 그 예를 볼 수 있다. 그는 투구판의 3루측에서 투구를 하였을 때, 오른손 타자들에게 공이 자꾸 빠졌다. 1루 쪽으로 위치를 이동하면서 그의 싱커(sinker)를 더욱 많이 플레이트를 통과하였고 그는 더욱 많은 스트라이크를 던졌다.

최적의 투구 자세 Optimal piching posture

투수가 다리를 홈플레이트(home plate) 쪽으로 투구동작을 시작할 때 투수의 머리를 보라. 만약 투수의 머리가 떨어진다면 투수가 자세를 너무 높게 잡은 것이다. 만약 그의 머리가 올라간다면, 그는 자세를 너무 낮게 잡은 것이다. 만약 투수 머리가 뒤로 기운다면(배꼽의 뒤), 투수는 동적 균형를 잃은 것이다. 그림 2.3을 보라(뒤로 기우는 것은 내가 투수들에게서 볼 수 있는 가장 흔한 것이다.). 만약 투수 머리가 홈플레이트(home plate)에서 멀어진다면, 투수는 불필요하게 에너지를 엉뚱한 방향으로 쓰는 것이다.

그림 2.3 투수가 볼을 투구하기 위해 등을 구부리거나 뒤쪽으로 기울여 동적인 균형과 자세를 잃어버리는지를 주목하시오.

기술 훈련 Drills for Skills

파트너와 수건 훈련 (Towel Drill with Partner)

던지는 손의 엄지와 중지 사이에 수건을 끼고 수건의 길이가 12인치(30.5 cm) 정도 나오도록 잡는다(이 훈련은 각 투수의 스트라이드(stride)에 중지로부터 나오는 수건의 12인치가 합친 정도의 길이가 측정된다.). "투구"역할을 맡은 파트너는 상상 혹은 실제 투수판 위에서 셋 포지션(set position)을 가정하고 투구동작을 거쳐, 릴리즈 지점에서 수건을 앞으로 뿌린다. "비투구" 파트너는 평지에서 엄지발가락이 착지하는 곳으로부터, 즉 그 투수의 스트라이드(stride) 간격에서 5피트(152.4cm) 정도, 마운드에서 6피트(182.9cm) 정도 물러난다. 비투구 파트너는 그리고는 파트너를 대면하고 무릎을 꿇은 다음 손바닥을 위로 하여 눈높이로 들어 올려 유지한다. 투구 파트너는 그의 투구동작을 실행하고, 수건으로 손바닥 위의 타겟을 향해 스트라이크를 던지도록 한다. 반대편 페이지 그림을 보라. 15번에서 20번 정도 완전한 투구동작을 한 다음에 역할을 바꾸자. 이 타올 훈련은 자세의 어떠한 움직임도 손바닥 스트라이크를 놓치는 결과가 나오기 때문에 즉시 피드백(feed-back)이 가능하다. 머리는 아래, 위, 혹은 뒤로 움직이면 투수는 타겟을 짧게 놓치게 되고, 머리를 좌·우로 움직일 경우 투수는 좌·우로 투구 목표 지점을 놓치게 된다.

기술 훈련 Drills for Skills

파트너와 수건 훈련 (Towel Drill with Partner)

프로들을 통해 보는 하우스 콜(예시)

올바른 자세의 안정

데이빗 콘(David Cone)은 그의 축다리 무릎을 크게 구부리고 낮은 자세를 유지하지만, 체중이동 내내 자세의 안정을 유지한다.

데니스 엑커슬리(Dennis Eckersley)는 착지발의 무릎을 거의 굽히지 않고 큰 자세를 취하지만, 체중이동 내내 자세의 안정을 유지한다.

부정확한 자세의 안정

호세 메사(Jose Mesa)의 자세는 착지발을 바꾸게 하며, 머리는 무게중심 왼쪽으로 움직인다.

스티브 에버리(Steve Avery)의 몸통은 앞으로 스트라이드(stride)하면서 뒤로 젖혀지고 착지 시에 머리가 무게중심 뒤쪽에 위치하게 한다.

투수를 위한 최적의 자세는 대부분의 경우 배팅 스탠스(batting stance)를 취하고 있다고 가정하는 것과 같은 자세다. 이 최적의 자세를 발견하기 위해, 투수들은 발을 양 겨드랑이 너비에서 양 어깨 너비 정도로 벌리고 앞발의 안쪽 언저리가 축발의 엄지발가락 선상에 오도록 한다(약간 닫힌 스탠스). 양쪽 무릎에 똑같은 정도의 구부림과 함께 약간 앞으로 나와야 한다. 각 투수의 머리는 레그 리프트(leg lift)에서 고정되어 움직이지 않게 있어야 하고 마운드에 평행하게 유지되어야 하며, 스트라이드(stride), 발 착지, 몸통 회전, 공을 던지는 동안에 홈플레이트(home plate)와 동일 선상을 유지하여야 한다.

만약 머리가 아래 혹은 위로 가면, 이를 고치기 위해서 무릎의 각을 각각 더 혹은 덜 구부려야 한다. 만약 머리가 뒤로 기운다면 복근을 더 당기고 자세를 낮게 한다. 만약 머리가 홈플레이트에서 떨어지는 방향으로 움직이면, 스탠스(stance)를 좁히고 들어 올린 다리의 무릎 쪽으로 코를 붙여라.

우선 스트레치 투구동작(strech delivery)을 가르치고, 그다음 와인드-업을 가르쳐야 한다. 왜냐하면, 스트레치는 운동요소가 거의 없고, 그것이 익히기 더 빠르다.

CHAPTER 3

발착지 시, 팔꿈치를 T자 형으로 만들어라

Flex-T Elbow Ailignment at Foot Strike

"내가 찾는 것이 무엇인지 모르지만, 내가 보는 순간 그것을 알 수 있어요."

팔 동작을 묘사하는 프로 스카우트

투구 시의 올바른 팔 동작에 대한 논쟁은 언제나 있었다. 숏 아밍(Short arming, 짧게 휘두르는 것), 후킹(hooking, 갈고리 모양으로 던지는 동작인 듯), 랩핑(wrapping, 감싸기), 푸싱(pushing, 밀기), 파이 쓰로잉(pie throwing, 파이 던지는 자세를 뜻하는 듯)들은 모두 비전문적 용어로 팔의 궤적을 묘사한 내용이다.

잠수함, 사이드암, 쓰리쿼터, 오버핸드는 릴리즈 포인트(release point)에서 팔이 나오는 위치에 대한 표현들이다. 역사적으로 타자들을 아웃시키는 투수들은 팔의 궤적이나 위치가 어떻든 간섭받지 않았다. 타자들을 아웃시키지 못하거나 건강한 상태를 유지하지 못하는 투수들이 다분히 의도적으로 변화를 많이 하였고 대부분 실패로 끝났다.

3차원 동작 분석은 팔과 몸의 동작에 대한 시각적인 것(외적인 것)을 정량화시킬 수 있도록 해 주었다. 근전도(electromyogram, EMG) 검사와 관절경(arthroscopy) 검사법은 내부적으로 팔과 몸의 압력을 엿볼 수 있게 해 주었다. 스포츠 과학과 스포츠 의학이 팔 동작에 대해서 우리에게 무엇을 가르쳐 주고 있을까? 생체역학적으로, 투수의 팔이 가장 길게 펴져 있을 때는 발 착지 시에 앞 팔꿈치와 던지는 팔꿈치 사이의 거리다.

팔이 경로에서 전완(아랫팔), 손목, 손은 공을 던지는 유형이 될 뿐이지 경로 자체의 본질은 아니다. 아주 간단히, 투수들은 어깨가 홈플레이트(home plate) 쪽으로 자세를 접을 때까지 같이 흐름을 탈 뿐이다. 만약 동적인 균형, 자세의 안정, 팔꿈치 정렬, 착지 시 전완의 각이 효율적이라면, 전체 팔 동작은 스스로 좋아질 것이다!

생리학적으로 만약 팔의 속도(유전적인)가 팔과 몸의 힘(신체적인 준비가 된)을 따라가지 못한다면, 동적 균형, 자세의 안정, 팔꿈치 정렬, 착지는 팔꿈치의 각이 그 투수의 팔 스피드와 힘의 불균형과 비례하여 바뀔 것이다. 투수는 홈플레이트(home plate)에서 스트라이크가 되도록 야구공에 필요한 에너지를 주기 위해, 필요한 어떤 것이든 만들고 필요한 어떤 관절이든 힘을 줄 것이다. 근력과 피로도에 관한 문제는 2부에서 자세하게 다룬다. 3장에서는 앞발이 착지할 때 "같은 쪽과 반대쪽의 팔꿈치 정렬과 전완 각도"와 같은 팔 위치와 경로의 생체역학적인 부분을 다루겠다. 팔은 대략 몸무게의 7%에 해당한다. 머리와 배꼽, 몸통의 축으로 똑같이 3.5%의 무게가 양쪽으로 분배될 것이다.

적절한 전완과 팔꿈치 각도 Proper forearm-to-elbow angles

잘못된 팔꿈치의 정렬과 동등하지 않은 전완의 각은 몸의 지레의 작용점들을 바꾸고, 필요 이상의 힘과 비효율적인 릴리즈 포인트(release point)를 초래한다. 팔꿈치를 올리기 위한 교육에 있어서의 나의 전략은 평형을 맞추는 데 있었다. 동적 균형과 자세의 안정을 통해 똑같은 전완과 팔꿈치의 각도와 함께 팔꿈치를 일직선으로 맞추는 것이 가르치는 것이 더 낫다. 그 이유는 다음과 같다. 성공적이고 건강한 투수는 앞발이 착지하기 직전, 착지 후에 팔꿈치와 팔꿈치의 정렬을 180도가 되도록 하고 그것을 유지한다. 양 팔꿈치는 각각 수평면 혹은 수직면 상으로 기울어질 수도, 비틀릴 수도 있지만, 그럼에도 그들은 서로 간에 일직선상에 있는 것이다. 우리는 4장과 5장을 통해 (1) 공을 던지기 위해 몸통이 회전하기 시작하면서 양 팔꿈치들이 과신전 될 것이고, (2) 몸통과 양 어깨가 홈

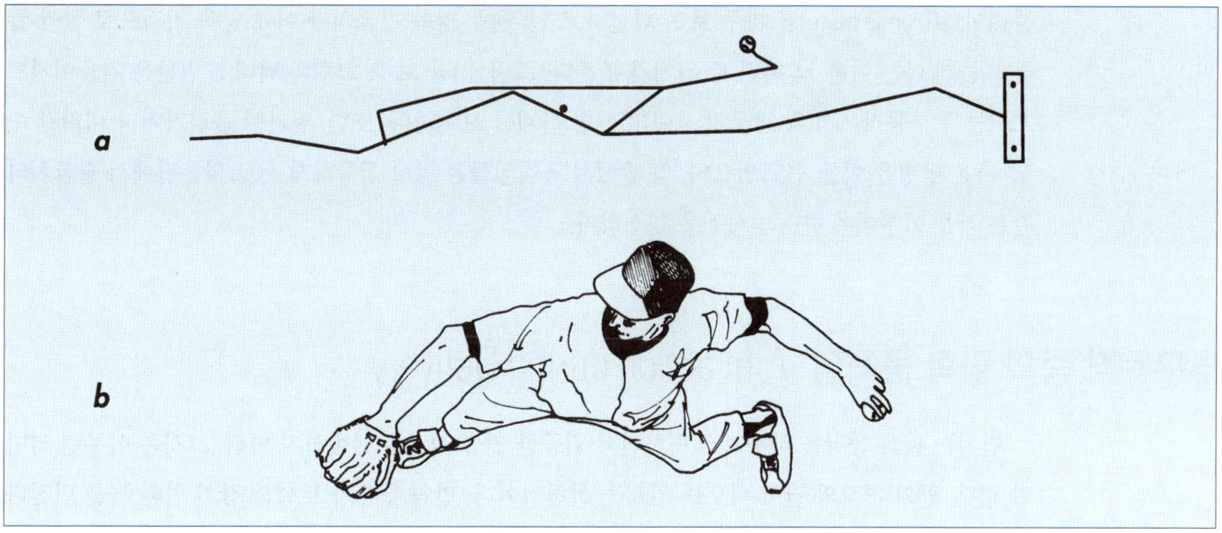

그림 3.1, a~b 이 위 그림은 팔꿈치에서부터 다른 팔꿈치까지 몸이 어떻게 일직선을 만드는지를 보여준다.

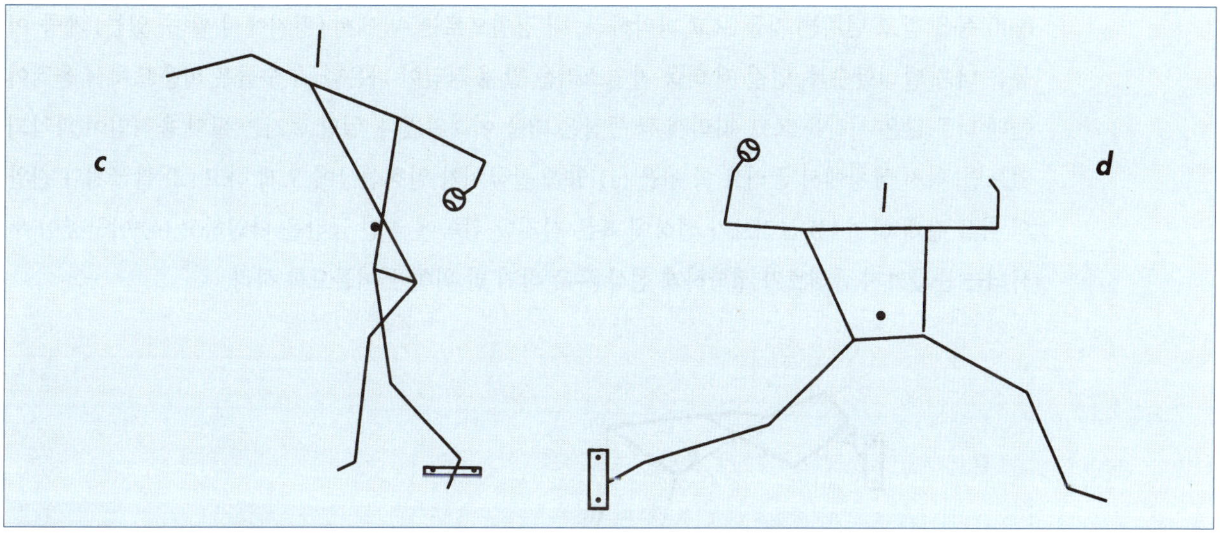

그림 3.1 c~d c와 d는 팔꿈치들이 기울어지고 꼬여도 여전히 직선관계를 이루는 것을 보여준다.

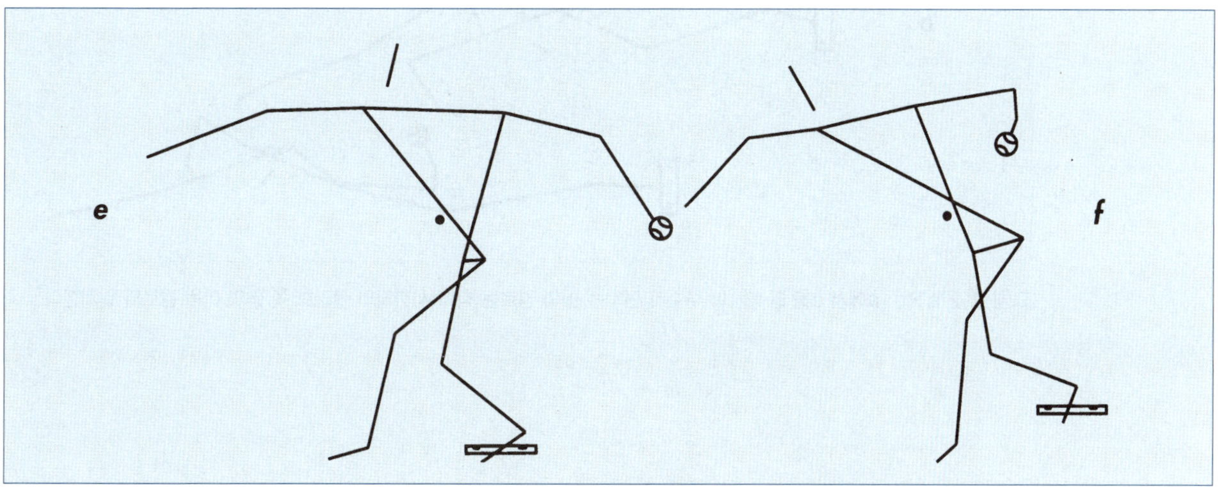

그림 3.1 e~f e와 f는 팔뚝이 올라가거나 내려가고 혹은 평형을 이루더라도 항상 똑같은 각을 이루는 것을 보여준다.

플레이트(home plate)를 마주 보며 회전하고 난 후에, 양쪽 팔꿈치가 어깨 앞쪽 지점으로 살짝 굴곡 되는데 나는 이를 '굽혀진 T' 위치라 부른다. 그림 3.1을 보자. 그림과 막대 그림들은 기울어지고 꼬이는 투구동작에서 양 팔꿈치 사이의 선형 관계를 보여준다. 또한, 전완이 올라가거나 내려갈 수도, 혹은 평형을 이룰 수도 있으나, 양 팔에서 움직임들은 항상 정확하게 서로 맞은편에서 팔꿈치와 같은 각을 이루어야 한다는 사실을 명심하자.

투구동작 중의 팔의 움직임 Arm action during Delivery

던지는 팔의 동작을 바꾸려 노력하면서 귀중한 연습 시간을 낭비하지 마라. 그것은 아무런 의미가 없다. 팔의 경로와 팔이 나오는 위치는 선천적이다. 만약 투수가 토끼를 잡기 위해 돌을 던진다면, 그것이 그의 팔 움직임이다. 고칠 것은 글러브 쪽의 팔이 던지는 팔과 일직선을 이루게 바꾸는 것뿐이다. 투수의 자연스런 팔 움직임은 평지에서, 땅볼, 라인 드라이브(line drive), 플라이 볼(fly ball) 등을 받고 던지는 것을 보고 파악하라. 내 경험으로는, 발에서 (평지에서 할 수 있는) 체중 이동을 더욱 빨리할수록, 던질 때 더욱 자연스러운 팔 움직임이 나온다. 투수들은 마운드에서 움직이는데 너무 많은 시간을 쓰고, 따라서 팔 동작은 더욱 어려워진다. 일단 던지는 팔의 움직임이 파악되었으면, 착지 상황에서 글러브 쪽 팔을 (1) 양쪽 팔꿈치가 일직선상에 오게 하고 (2) 팔꿈치와 전완의 각을 같게 하며 (3) 글러브가 선상에 혹은 착지발 위쪽에 놓인 공간을 확인하고 (4) 야구공이 투사되는 순간까지 글러브가 정확하게 선상 혹은 착지 발 위쪽에 머물도록 하라.

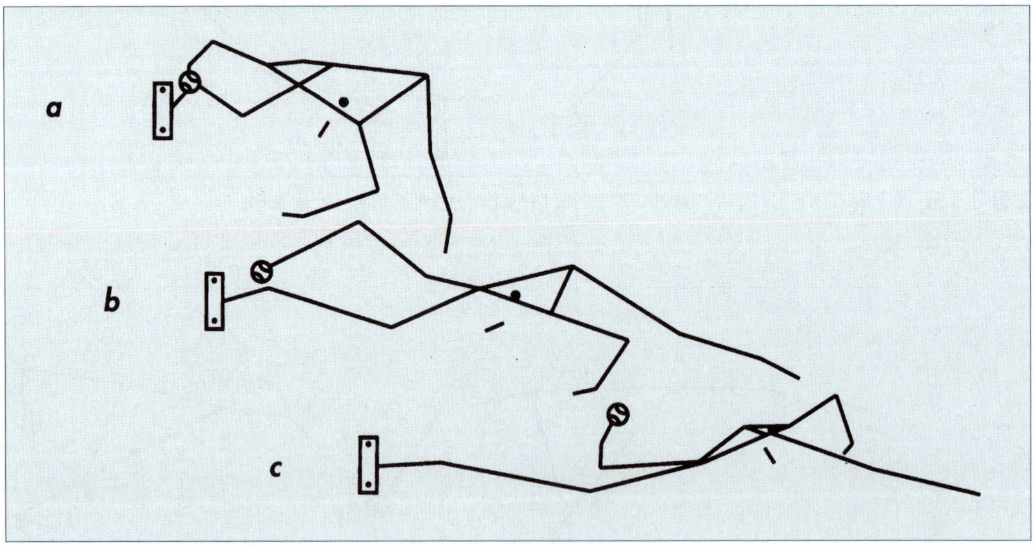

그림 3.2 a~c a에서 c를 볼 때, 이 투수가 던지는 팔의 경로는 착지 시까지의 글러브 쪽 팔의 이동 경로와 일치한다.

투수들은 다리와 몸통이 홈플레이트(home plate) 쪽으로 거리를 좁혀 갈수록 팔꿈치와 전완의 각도를 유지하도록 노력해야 한다. 일단 글러브와 앞발이 최대거리에 도달하면, 인체의 에너지와 운동량은 배꼽에서 앞쪽 무릎을 향하며 글러브 쪽을 마주 보게 된다. 머리와 배꼽이 함께 땅 혹은 마운드와 평행하게 앞쪽으로 이동하면서 던지는 팔을 고정된 혹은 안정된 글러브 쪽 팔로 이동하기 위한 회전축을 만들게 된다(5장에서 자세히 다루겠다. 투수의 몸에 있는 어느 부분도 홈플레이트(home plate)에서 멀어지는 방향으로 움직이지 않는다. 투구동작을 능률적이고 효과적으로 수행하기 위해서 동적인 균형, 자세의 안정, 팔꿈치 정렬, 착지 시의 전완의 각이 있다. 그것은 필수 불가결한 요소다.(그림 3.2를 보라.)

동적인 균형과 자세의 안정과 결합한 발 작치 시 전완의 각과 팔꿈치 정렬의 완전한 모습은 다음 장 주제인 간단하지만 중요한 네 번째 절대 요소, 늦은 몸통 회전으로 이어진다.

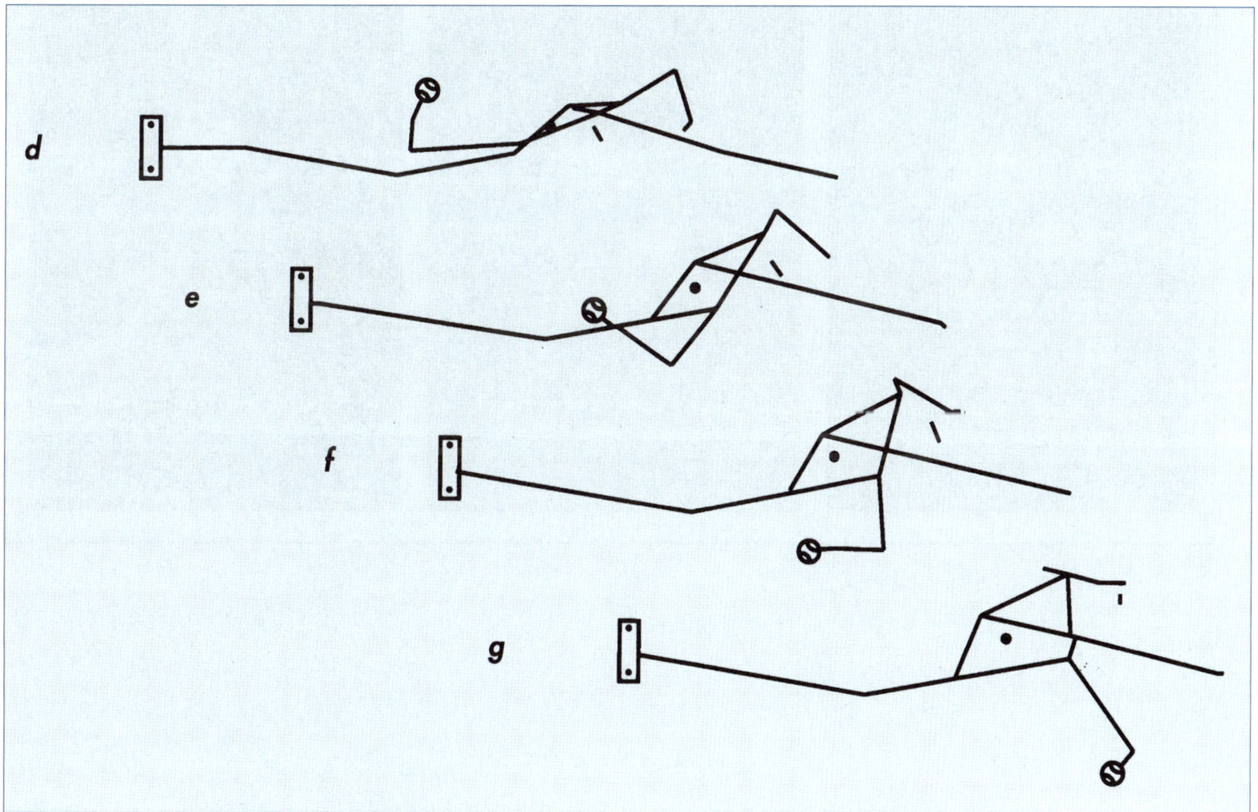

그림 3.2 d~g a에서 c를 볼 때, 이 투수가 던지는 팔의 경로는 착지 시까지의 글러브 쪽 팔의 이동 경로와 일치한다.

기술 훈련 Drills for Skills

밴드 훈련 (Elastic-cord Drill)

약간의 저항을 가진 2.5에서 3피트(76.2~91.44 cm) 사이 길이의 밴드를 투수 양 엄지에 묶는다. 투수의 팔꿈치가 밴드의 저항 때문에 약간 굽어져야 하나, 글러브와 함께 공을 던지는 동작을 방해해서는 안 된다는 점을 주의하라. 그러고 나서 야구공을 받고 던지기를 실시하라. (이 훈련은 또한 수건으로 할 수 있다.) 정확히 착지 시에 "보통" 팔 경로를 취하고 던지도록 하라. 밴드는 저항이 있으나 어느 팔도 방해해서는 안 된다. 잘못 정렬된 팔꿈치들은 공이 나오는 위치에 따라 밴드가 상체, 목 혹은 얼굴에 걸리도록 하게 만들 것이다. 투구 혹은 수건 훈련을 할 때, 밴드가 안전하게 몸을 비켜나가도록 앞쪽 팔꿈치와 전완이 고쳐지도록 하자. 말하자면, 밴드로 최적의 팔꿈치 전완 정렬을 하도록 하고 나서 공이나 수건을 앞으로 이동해 보도록 하자. 이 기술은 여러 가지 특이적 내용을 포함하고 있다(cross-specific). 이것은 힘을(밴드를 늘리면서) 키우고, 지구력(던지고, 투구하고, 수건을 휘두르며)을 늘리고 메커니즘(팔꿈치, 팔꿈치, 전완의 정렬과 각을 각각 개선시켜)을 향상시킨다.

A

B

C

프로들을 통해 보는 하우스 콜(예시)

정확한 팔꿈치 정렬(alignment)과 팔꿈치 각(forearm angle)

이 각도는 데이브 스튜어트(Dave Stewart's)의 발 착지시 최적의 팔꿈치 정렬과 전완 각을 보여준다. 던지는 팔과 글러브 팔이 고전적이다.

릭 셔클리프(Rick Sutcliffe)는 시각적으로 보기엔 아주 이상했으나 컴퓨터로 분석해 본 결과 완벽했다(이 투구 동작은 비전통적인 투구 동작으로 전통적 투구 동작의 정반대 결과를 보여주는 좋은 예이다).

부정확한 팔꿈치 정렬과 팔꿈치 각

페드로 아스타시오(Pedro Astacio)의 비효율적인 팔꿈치 정렬은 아마도 그의 최근 부상들과 불규칙적인 활약을 설명해준다.

조이 해밀턴(Joey Hamilton)은 크게 던지는 팔을 가지고 있으나 던질 때 그의 글러브는 지면과 정렬이 되지 않는다.

CHAPTER 4

늦은 몸통 회전 Late Torso Rotation

"그는 은근히 빨라"
"그의 패스트볼은 보기보다 세단 말야"
"나는 그의 투구를 알아채지 못하겠어..."

그랙 매덕스(Greg Maddux)를 묘사하는 타자들

이번 장의 내용은 짧지만, 투구동작의 중요성을 비중 있게 다루었다. 나는 늦은 몸통 회전이 이론으로는 단순한 문제이나 그것을 익히기에는 어렵다고 코치와 투수에게 말해 왔다. 대부분의 투수는 공을 던지는 데 급급하기 때문에 몸통의 늦은 회전은 근신경적인 인내가 필요하다. 투수들이 러싱(rushing), 플라잉 아웃(flying out), 스피닝 오프(spinning off)을 (투수코치들을 미치게 하는 행동들) 할 때, 투수들의 몸은 체중이동을 통해 발로부터 나오는 운동에너지가 투구 과정에서 벗어나 다른 곳으로 이동하고 있다는 것을 의미한다. 이 방법을 잘 생각해 보라. 에너지를 끌어올리고, 방향을 잡고, 전달할 때, 발이 다리로 전달하고, 다리가 몸통으로, 몸통이 팔로, 팔이 공에 전달한다는 사실을 기억해야 한다. 이러한 근신경적인 에너지의 흐름 밖에서 발생하는 몸의 어떠한 물리적인 행동도 스트라이크를 던지지 못하게 하며 부담을 가중시킬 것이다. 늦은 몸통 회전은 훌륭한 패스트볼(fast ball)을 던지는 투수들이 왜 흔들리는지 그리고 구석구석 잘 던지는 투수들이 타자들을 어떻게 아웃시키는지를 잘 설명해준다. 이것은 단지 필요한 동작의 기초적인 이해만을 가지고 와인드-업과 스트레치(strech) 투구동작 모두에서 기술을 가르칠 수 있는 부분이다. 이번 장은 가장 길게 활약할 수 있는 투구와 건강 문제를 개선하기 위한 해결책을 코치와 투수에게 제공하고자 한다.

투수들이 체중을 한 발에서 다른 발로 전환할 때, 몸통을 가능한 늦게 회전시킨다면(동적 균형, 자세의 안정, 팔꿈치 및 전완 각 정렬과 함께) 생체역학적으로나 물리적으로 훨씬 효율적이 된다. 물리학적 법칙은 더 (시간을) 길게 그리고 더 (거리를) 멀리 물체를 움직이면, 더 많은 탄성이 생성된다는 것을 알려준다. 더욱 많이 발, 다리, 몸통(이 부분들은 체중의 93% 정도이다)이 힘과 에너지를 발생시키기 위해 일한다면, 팔은(몸무게의 7%) 에너지를 전달하기 위해 더욱 적게 일해도 된다. 더욱 많은 스트라이크, 적은 부담. 거기에는 부가적인 이득도 있다. (1) 공이 더 짧은 거리를 여행한다. 한 걸음의 거리는 타자들이 느끼는 속도감에 있어 시속 3마일과 동일하다. (2) 공의 움직임이 홈플레이트(home plate)의 더 가까운 곳에서 발생한다. (drag crisis; 임계항력: 유체에 의해 물체가 위치나 방향을 변화시키는 지점), 혹은 공기 저항과 야구공 솔기가 반응하는 것이 늦게 발생하고 이것은 공의 움직임을 늦춰 타자들이 패스트볼(fast ball), 커브볼(curve ball), 체인지업(change up ball), 스플릿 핑거(split-fingered fastball) 등을 알아차리지 못하게한다.

늦은 몸통 회전을 정량화하는 방법은 릴리즈 포인트(release point)에서 축발이 투수판에서 움직인 거리를 측정하는 것이다. 이 거리는 동적 균형, 자세의 안정, 팔꿈치 및 팔꿈치 각 정렬이 늦은 회전축을 이끈다면 최소한 스트라이드(stride)의 4분의 1이 될 것이다.(그림 4.1을 보라.)

늦은 회전을 알 수 있는 또 다른 방법은 수건 훈련을(2장 참조) 하는 것이다. 덜 완성된 회전은 투수로 하여금 스트라이크 선 상에서 빠지거나 스트라이크 존에 못 미치게 한다. 늦은 회전은 매번 수건훈련 시 스트라이크를 만들어낸다.

이제 당신은 투구의 네 가지 절대적인 요소의 기술에 대한 정보와 교습법을 알게 되었다. (1) 동적인 균형, (2) 자세의 안정, (3) 발 착지 시 팔꿈치 및 전완의 각 정렬, (4) 늦은 몸통 회전. 만약 당신이 이들 적용에 대한 개념과 논리를 이해할 수 있고, 이런 일련의 과정에 대한 기술을 소개하고 가르칠 수 있다면, 파트 1의 마지막 장의 주제인 절대적인 다섯 번째 요소, 릴리즈 포인트(release point)에서의 굽은 T 팔꿈치 위치는 투수의 투구동작에 있어 동적인 연결고리처럼 따라오게 될 것이다!

하우스 룰 House rules

또 하나의 절대적인 법칙이 있다. 성공적이고 건강한 투수들은 그들의 스트라이드(stride) 길이의 약 75% 지점에서 상체의 축 회전을 시작한다. 다른 말로, 훌륭한 투수들의 경우, 공을 던지기 위해 몸통과 어깨, 정렬된 팔꿈치, 각이 선 전완, 글러브가 회전하기 시작하기 전에, 그들의 회전축, 혹은 배꼽(무게중심) 위로 머리로 이어지는 선을 통해 얻는 어떤 스트라이드(stride) 길이의 대략 4분의 3지점에서 얻는 것이다. 메이저 리그(major league)의 대부분의 우수한 투수들은 전자보다 더 늦은 타이밍에 축 회전을 한다. 예로, 생체역학적인(biomechanic)의 동작 분석은 그렉 매덕스(Greg Maddux)가 그의 스트라이드(stride) 길이의 83% 지점에서 회전축을 얻는다는 것을 알아냈다. 얼마나 힘이 안 들고 많은 스트라이크를 그렉 매덕스(Greg Maddux)가 얻는가? 9년이 넘도록 선발 출장을 한 번도 빠지지 않고, 9이닝 동안 1개 이하의 도루를 허용하고, 모든 투구에 있어 늦은 움직임을 가진 교묘한 패스트볼(fast ball)을 던지고, 네 번의 사이영상(Cy Young Award)을 수상했다.

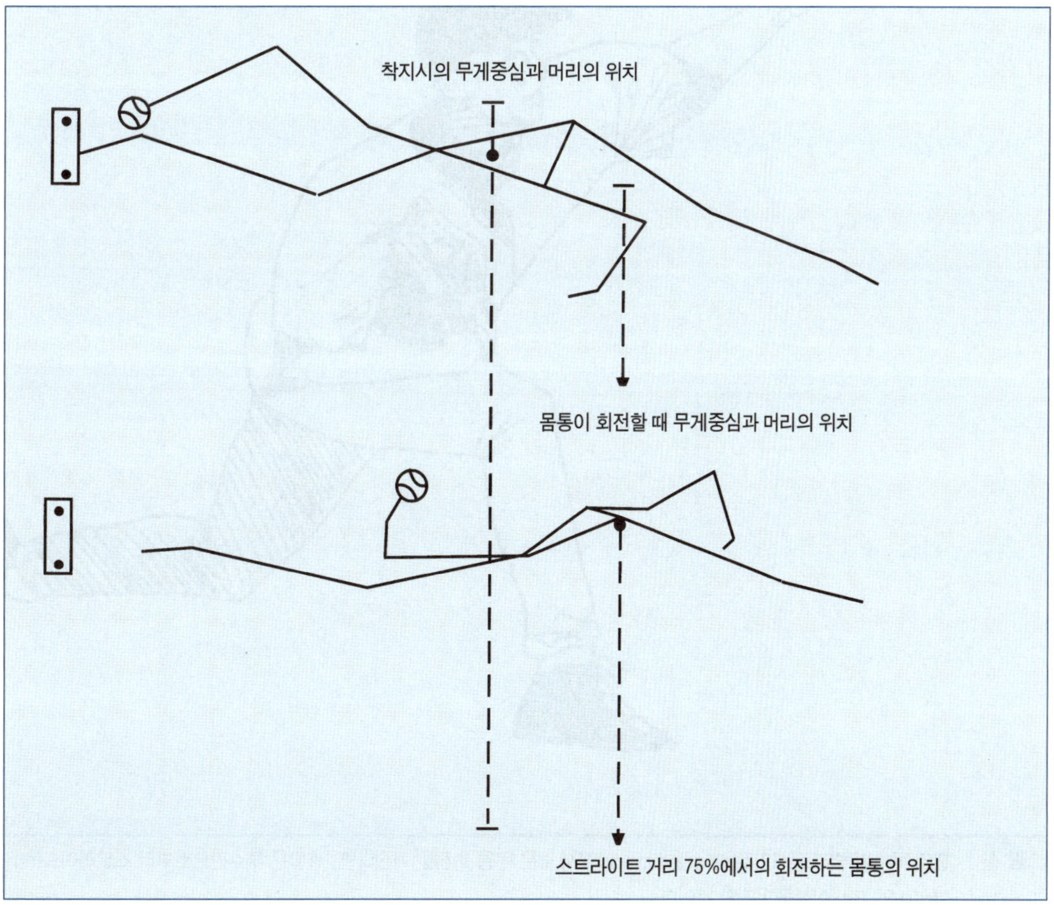

그림 4.1 만약 투수가 릴리즈 포인트(release point)에서 늦은 몸통 회전을 가진다면, 축발은 투수판으로부터 스트라이드(stride) 길이의 적어도 4분의 1의 거리 이상을 움직일 것이다.

기술 훈련 Drills for Skills

릴리즈 포인트 전방으로 만드는 훈련 ("Get by Me" drill)

평지나 마운드에서, 코치나 다른 선수가 (a) 투수와 정확하게 같은 폼으로 서도록 하고 (b) 투수가 최대 스트라이드(stride) 길이와 같은 거리만큼 발을 움직이되, 축발과 착지발 사이의 선상에서 한 발 정도 떨어진 지점에 위치하도록 한다. 그리고는 투수는 투구동작 동안 코치나 다른 선수를 건들지 않고 공을 던지거나 타올을 가지고 새도우 피칭을 하도록 한다. 이것은 덜 숙달된 회전에서는 얻을 수 없다. 몸의 어떤 부분, 주로 팔꿈치, 전완, 혹은 글러브가 "나를 지나가" 역할자를 건들게 될 것이다. 만약 투수가 "나를 지나가(Get by Me)" 역할자를 투구동작 과정에서 건들지 않고 지나간다면, 그는 늦게 회전하는 것을 배운 것이다!

프로들을 통해 보는 하우스 콜(예시)

정확한 몸통 회전

그렉매덕스(Greg Maddux)의 회전축 발생은 스트라이드(stride) 길이의 83% 부분이고, 그리고 나서야 그의 몸통은 던지기 위해 회전을 시작한다.

일본의 최고 투수 중에 하나인 사투로 코미야마(Komiyama Satoru)는 회전축을 스트라이드(stride) 길이의 80%에서 취했다.

부정확한 몸통 회전

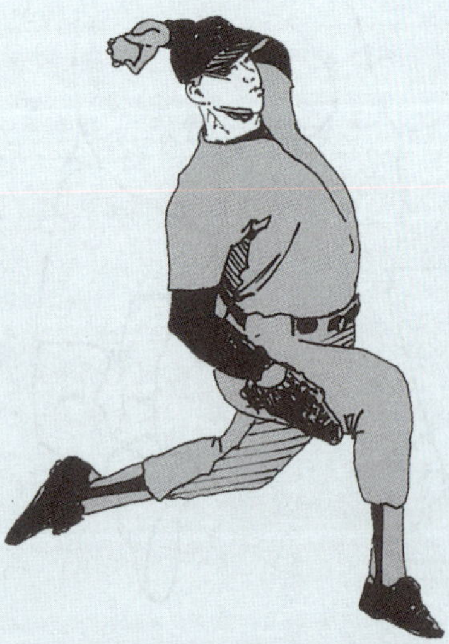

스티브 애버리(Steve Avery)의 회전축은 스트라이드(stride) 길이의 약 60% 지점이며 앞발이 착지하기 전에 회전을 시작한다.

조이 해밀턴(Joey Hamilton)의 회전축은 스트라이드(stride) 길이의 60%보다 작은 지점이며 앞발이 착지하기 전에 회전을 시작한다.

CHAPTER 5

릴리즈 포인트에서 굽은-T형 팔꿈치 위치

Flex-T Elbow Position at release point

"제대로 던져진 투구는 잘못된 투구에 비해 몸에 힘이적게 들어간다."

앨런 블리츠블로(Alan Blitzblau), 생체역학자

내가 앞 페이지에 있는 앨런 블리츠블로(Alan Blitzblau)의 얘기를 처음으로 들었을 때, 나는 약간 회의적인 반응을 보였다. 그는 틀렸음이 분명해. 나는 다른 사람과 마찬가지로 오랜 기간 리틀 리그(little league) 선수들의 부모들에게 어린 선수들이 커브볼(curve ball)을 던지면 안된다. 커브볼(curve ball)은 어린 선수의 팔에 나쁘다고 말해왔다. 난 그에게 "잠깐, 당신은 미국 전체에서 어린 투수들에게 가르쳐지는 것을 믿지 않는단 말이야? 정말이야?" 라고 말했다. "네 맞아요." 그는 대답했다. 앨런은 컴퓨터 앞에 앉아서 그가 발견한 것을 보여줬다. 발부터 던지는 팔꿈치까지 모든 투구는 정확하게 똑같은 근신경적인 순서를 밟는다. 다른 타입의 투구가 던져질 때 유일하게 변하는 몸의 부분은 전완, 손목, 손 그리고 손가락들이고 그것들은 단지 던지는 각도만 바뀔 뿐이었다. 팔의 움직임 속도는 같고, 공을 던지기 위한 팔의 외회전도 같고, 감속하는 동안의 손의 회내(pronation) 동작도 같았다. 즉 전완, 손목, 손, 손가락들의 각도를 달리하는 것이 공의 속도, 회전, 비행을 결정하는 것이었다.

그는 또한 또 다른 놀랄 만한 사실을 알려줬다. 투구의 그립(grip)은 이 각도의 부수적인 것이고, 모든 투구는 마지막에 중지에서 떠난다는 것이다! 이것은 상식을 파괴하는 정보로 여겨졌다. 난 기절했다. 하지만, 앨런은 끝내지 않았다. "톰, 팔이 공을 던지기 위해 직선으로 투사될 때 중지가 릴리즈 포인트(release point)를 벗어나는 매 8분의 1인치(2.54 cm)마다, 공은 홈플레이트(home plate)의 위치에서 8인치(20.32 cm)씩 벗어나요. 따라서 스트라이크를 던진다는 뜻은 매 투구마다 중지가 공 한가운데의 4분의 1 크기의 지점에 있어야 한다는 거에요." 우와 !

이번 장은 릴리즈 포인트(release point)에서 투수가 팔꿈치, 전완, 손목, 손가락에서 발생하는 신비를 풀어볼 것이다. 수년간 (나를 포함한) 투수 코치들은 투수들이 공을 던질 때 글러브 쪽 팔꿈치를 엉덩이까지 "당기도록" 가르쳤다. 우리는 이것이 팔 스피드와 속도를 증가시키는 힘의 이동이라고 생각했다. 수년간 (나를 포함한) 투수 코치들은 팔이 궤도에 있을 때 오프 스피드(off-speed) 혹은 브레이킹 볼(breaking ball) 투구를 준비하고 전달하는 과정에서, 움직임을 위해 "손목 스냅(snap)", "오프 센터(off center, 센터에서 벗어남)"를 위해 그립을 느슨하게 하고, "모든 투구에서의 패스트볼(fast ball)을 생각하며" 손을 구분하도록 가르쳤다. 우리 모두는 틀리게 가르쳤다. 우리가 눈으로 본 것은 투수들이 실제로 했던 것이 아니었다!

1996년 시즌 후에 우연히 나는 생체역학(biomechanic)분야의 컴퓨터 전문가의 댄 머펫(Dan Moffet)에게 릴리즈 포인트(release point)와 발착지(제3장 참조)에서의 몇몇 투수들의 팔꿈치 위치를 정량화할 수 있는지를 물어봤다. 나는 텍사스(Texas), 댈러스(Dallas)의 1997년 ABCA 컨벤션에서의 발표를 준비하고 있었고 쓸 만한 숫자들이 나오길 원했다. 그가 3차원 데이터를 통해 얻은 것(표 5.1)은 정말 놀라운 것이었다.

릴리즈 포인트(release point)에서 팔꿈치, 전완, 손목, 엄지, 중지들의 각도와 거리는 우리가 가르쳐 오던 것과 완전히 반대라는 것을 보여줬다. 뛰어나고 젊은 투수들에게 스트라이드 구간에서 중심을 전달할 때 양쪽 팔꿈치를 머리와 무게중심 라인의 앞쪽에 유지하게 시켰다. 사실, 더욱 앞으로 빼고, 더욱 글러브 쪽 팔꿈치의 위치를 고정하면, 투수들은 더욱 나아 보였다.

성공적이고 젊은 투수들은 전완, 손목, 엄지, 중지들로

- 전완과 손목의 각도와 별개로 패스트볼(fast ball), 브레이킹 볼, 비속구를 성공했다.
- 모든 투구에 있어 릴리즈 포인트(release point)는 그들의 손목을 완전하게 반듯해지도록 했다.
- 모든 투구에 있어 릴리즈 포인트는 중지를 야구공의 가운데에 있도록 했다. (엄지를 공의 가운데에 놓는 스플릿 핑거(split-fingered fastball)를 제외하고)

만약 내가 했던 모든 것과 같이, 당신이 이 순간에 "맙소사! 얼마나 많은 선수에게 잘못 가르친 거야?" 생각한다면, 뒤돌아보지 말고 바꿔서 앞쪽으로 나가도록 하자.

표 5.1 투구 팔꿈치의 정량적 분석(Pitching elbow quantitative analysis)

다음 측정치는 앞 발 착지와 릴리즈 포인트(release point)로 가는 몸통 회전에서 팔꿈치 각도와 위치들이다.

놀란 라이언(Nolan Ryan)

발착지에서 팔꿈치는 195°이다. (과신전, hyperextension). 앞쪽 팔꿈치는 릴리즈 포인트(release point)로 가는 몸통 회전에서 앞쪽 10인치.

토드 반 파벨(Todd Van Poppel)

발착지에서 팔꿈치는 226°이다. (과신전, hyperextension). 앞쪽 팔꿈치는 릴리즈 포인트(release point)로 가는 몸통 회전에서 무게중심 앞쪽 8.66인치.

로저 클레멘스(Roger Clemens)

발착지에서 팔꿈치는 185°이다. (과신전, hyperextension). 앞쪽 팔꿈치는 릴리즈 포인트(release point)로 가는 몸통 회전에서 무게중심 앞쪽 11.17인치.

오렐 허샤이저(Orel Hershiser)

발착지에서 팔꿈치는 190°이다. (과신전, hyperextension). 앞쪽 팔꿈치는 릴리즈 포인트(release point)로 가는 몸통 회전에서 무게중심 앞쪽 7.82인치.

케빈 브라운(Kevin Brown)

발착지에서 팔꿈치는 193°이다. (과신전, hyperextension). 앞쪽 팔꿈치는 릴리즈 포인트(release point)로 가는 몸통 회전에서 무게중심 앞쪽 13.58인치.

케이드 게스퍼(Cade Gaspar)

발착지에서 팔꿈치는 183°이다. (과신전, hyperextension). 앞쪽 팔꿈치는 릴리즈 포인트(release point)로 가는 몸통 회전에서 무게중심 앞쪽 5.05인치.

롭 넨(Robert Allan Nen)' 89년도

발착지에서 팔꿈치는 205°이다. (과신전, hyperextension). 앞쪽 팔꿈치는 릴리즈 포인트(release point)로 가는 몸통 회전에서 무게중심 앞쪽 12인치.

롭 넨(Rob Nen)' 94년도

발착지에서 팔꿈치는 187°이다. (과신전, hyperextension). 앞쪽 팔꿈치는 릴리즈 포인트(release point)로 가는 몸통 회전에서 무게중심 앞쪽 13,97인치.

공을 던지는 순간의 에너지 전이 Energy Translation at Launch

투수들은 공을 던지는 순간(공이 투사될 때) 던지는 팔의 앞 팔꿈치 위치를 더 앞쪽으로 할수록, 더 고정할수록, 모든 투구를 더 강하게 할 수 있다. (표 5.1을 참조) 그는 또한 점진적으로 근육에 부하를 주는 것이 더욱 효율적이고 보다 쉽게 고정적인 릴리즈 포인트(release point)를 찾을 수 있다. 에너지가 발로부터 던지는 손의 중지까지 전이되어 가면서, 고정된 앞 팔꿈치는 모든 힘과 파워를 던지는 팔 쪽으로 향하도록 한다.

만약 앞 팔꿈치가 움직이면, 비록 완벽한 타이밍(timing)이라 하더라도 에너지는 분열되고 홈플레이트(home plate)에서 멀어지는 쪽으로 향해진다. Y를 시각화해보자. 에너지는 바닥부터 올라와서 Y로 갈라지는 지점에 이른다. 만약 양쪽이 움직이면 에너지는 나뉜다. 만약 앞쪽이 단단히 고정되어 있다면, 모든 에너지는 던지는 쪽으로 갈 것이다. 움직이는 앞쪽과 함께 움직이는 근육의 연결고리는 연속 과정에서 벗어나게 되며, 팔이 그 본래의 어깨와 팔꿈치에 과도한 긴장을 주고 불안정한 팔꿈치 간의 관계를 일으키며 실제 좁아져야 하는 릴리즈의 꼭짓점이 넓어지게 되도록 한다.

이 과정의 제대로 된 느낌을 찾기 위해서, 50파운드(20.68 kg)의 저항으로 세팅한 펙 데크 머신(pec deck machine. 헬스 기구)에 앉자. (그것은 대략 당신의 팔에 90마일 정도의 부하를 주는 것과 같다) 당신의 글러브 쪽 팔을 당신의 코 바로 앞쪽에 가지고 와서 머신을 잡아라. 천천히 당신의 던지는 팔을 안쪽으로 이동시키면서 동시에 당신의 글러브 쪽 팔이 제자리로 돌아오도록 한다. 던지는 쪽 어깨와 팔꿈치에 압력을 느껴보라. 원래 위치로 돌아가자. 던지는 팔을 앞쪽으로 이동하되 글러브 쪽 팔을 당신의 코앞에 고정하자. 던지는 팔의 압력이 눈에 띄게 적어진 것을 알 수 있을 것이다. 그것이 발생해야만 하는 것이다. 또한, 릴리즈의 넓은 꼭짓점은 반대로 공이 플레이트까지 날아가는 거리와 각도 모두에게 영향을 미친다. 따라서 과도한 어깨와 팔꿈치 압력과 불안정한 릴리즈 포인트(release point)에 덧붙여 타자들은 실제로 모든 투구를 보다 쉽게 볼 수 있게 된다. 그들은 또한 패스트볼(fast ball)을 던지기 위한 움직임 괘적보다 위쪽에서 궤적을 그리며 던지기 때문이다. 또한 중지에서 떠난 파워가 떨어지는 투구는 패스트볼을 던지기 위한 움직임 궤적보다 위쪽에서 궤적을 그리며 던지기 때문에 브레이킹볼(breaking ball)과 오프 스피드(off-speed) 볼을 더욱 빨리 알아차리게 되는 것이다.

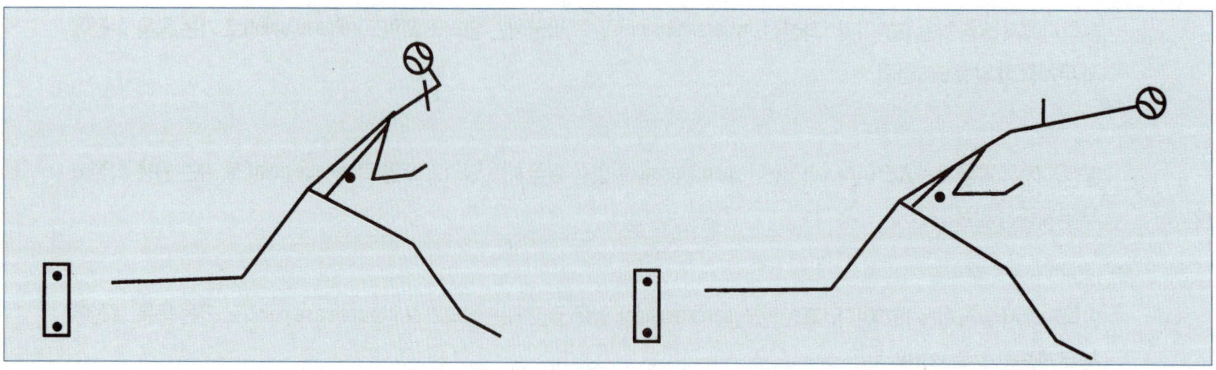

그림 5.1 투수의 무게중심 앞의 앞 팔꿈치의 거리는 던지기까지 일정하다. 이 거리가 클수록, 적은 긴장과 더 많은 스트라이크를 던질 수 있다.

릴리즈 포인트 Release Point

전완, 손목, 손, 엄지, 중지들이 공에 최대한의 힘과 회전을 주기 위해서는, 에너지가 공의 중심선을 통과해야 한다. 공은 앞으로 나가지 않는다면(사실 전진할 수 없다면). 손목 비틀기. 손목 스냅(snap), 굽힌 손목, 중앙에서 벗어나는 손가락 압력은 있을 필요가 없다. 전완, 손목, 손, 엄지, 중지와 공의 중심과 이루는 선은 릴리즈 포인트(release point)에서 완벽하게 일직선이 되어야 한다. 이 팔꿈치부터 중지에 이르는 직선이 쭉 뻗거나 손바닥을 위로 뒤집거나(supination) 밑으로는(pronation) 뒤집는 축이 된다.

그림 5.2는 패스트볼(fast ball), 커브볼(curve ball), 스크류볼(screw ball)의 릴리즈 위치를 보여준다. 간단하게 말하면, 손바닥이 포수를 향하면, 그것은 패스트볼이다. (그림 5.2a 참조) 만약 손바닥이 안으로 누우면(그것은 투수 쪽으로 향하도록 들리는 것이다) 커브볼이다. (그림 5.2b 참조) 만약 손바닥이 바깥으로 뒤집히거나 혹은 투수로부터 멀어지는 쪽을 향하면 그것은 스크류볼이다.(그림 5.2c 참조) 모든 경우에서 공의 중심선이 엄지에 온다는 것을 주의해야 한다. 다른 투구들의 릴리즈 위치는 어떻게 될까? 스플릿 핑거 패스트볼(split-fingered fastball)은 여전히 패스트볼이므로, 손목의 각도는 패스트볼과 똑같다. 손바닥은 포수를 향한다. 슬라이더는 커브볼 각도의 반 정도이다. 손바닥은 완전히 투수 쪽을 향하지는 않고, 포수 쪽으로 약간 더 향하도록 각을 잡는다. 다른 (밑으로 뒤집는) 방법들로 가면, 싱커(sinker)는 스크류 볼의 반 정도의 각이고 손바닥은 똑바로 바깥쪽을 향하지 않고 약간 더 홈플레이트(home plate) 쪽을 향한다. 패스트볼, 브레이킹 볼, 체인지업(change-up)에서는 반드시 중심부분에서 중지가 마지막으로 떠나야 한다. 중지가 손에서 가장 긴 손가락이기 때문이다. 스플릿 핑거(split finger)에서는 엄지가 힘과 회전을 준다.

기본 그립들 Basic Grips

다음 섹션(section)은 기본적인 그립들과 공의 손가락 위치를 알려 준다. 하지만, 기억해야 한다. 타자는 투수가 던진 것을 치는 것이 아니라, 그가 본 것을 친다. 속도를 바꾸고 마지막에 움직임을 더하고 좋은 신체 위치를 만드는 것은 타자들이 보고 투구를 읽기 어렵게 한다. 이것은 어느 나이의 투수에게나 가르쳐질 수 있는 내용이고 48페이지의 투구 속도 부분의 표 5.2에서 자세하게 설명되어 있다. 투구의 움직임은 그립이 아니라는 것을 명심해야 한다. 그것은 알맞은 전완, 손목, 손 각도와 더불어 팔의 움직임 속도이다.

패스트볼 Fast ball

패스트볼(fast ball)을 던지는 데에는 세 가지 주요 그립들이 있다. 걸쳐 잡는 포심 투구(four seams)는 파워 투수들의 패스트볼 그립이다. 생체역학적으로 그것은 공의 중심축을 따라 힘을 극대화시키고 공이 공기흐름 속에서 중력의 영향을 최소화하도록 역회전을 준다.

그래서 공은 뜨는것처럼 보이지만 실제로, 다른 종류의 패스트볼보다 적게 떨어진다.

그림 5.2 a **패스트볼 릴리즈(fastball release)**

손바닥은 패스트볼 릴리즈 포인트(release point)에서 포수를 향한다. 패스트볼(fast ball)이 여러 가지 다른 그립으로 던져질 수 있음에도, 릴리즈 각도는 똑같다. 스플릿, 핑거 릴리즈(release)는 같은 위치에서 엄지가 힘, 파워, 회전을 준다.

그림 5.2 b **커브볼 릴리즈(curveball astball release)**

손바닥이 안으로 뒤집어지며(supinates) 커브볼 릴리즈에서 투수 쪽을 향한다. 또 다른 브레이킹 볼인 슬라이더는 커브볼(curve ball)의 약 반정도에 해당되는 비슷한 릴리즈를 갖는다.

그림 5.2 c **스크류볼 릴리즈(screwball release)**

손바닥이 바깥으로 뒤집히며(pronates) 스크류볼 릴리즈(screw ball release)에서 투수로부터 멀어지는 방향을 취한다. 싱커(sinker) 또한 스크류볼(screw ball)의 약 반정도로 바깥으로 뒤집어진 각을 갖는다.

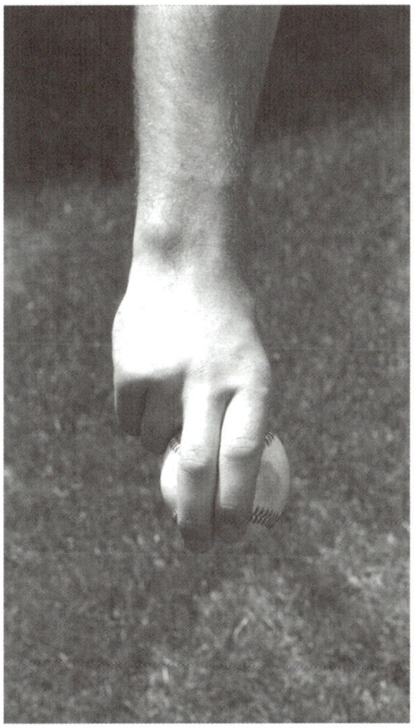
실밥 두 개를 걸쳐 잡는 투심 패스트볼(투심)

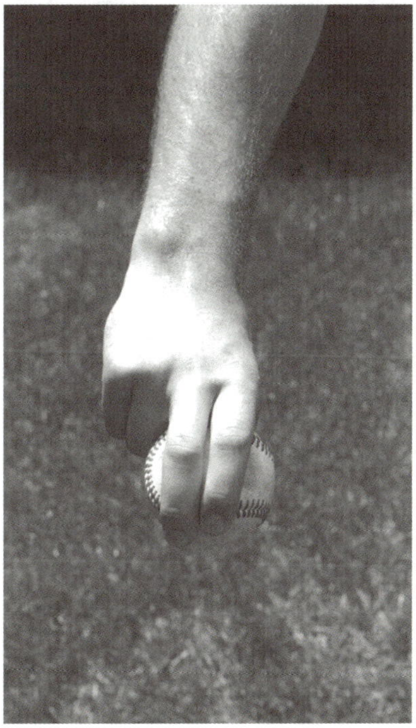
실밥 네 개를 걸쳐 잡는 포심 패스트볼(포심)

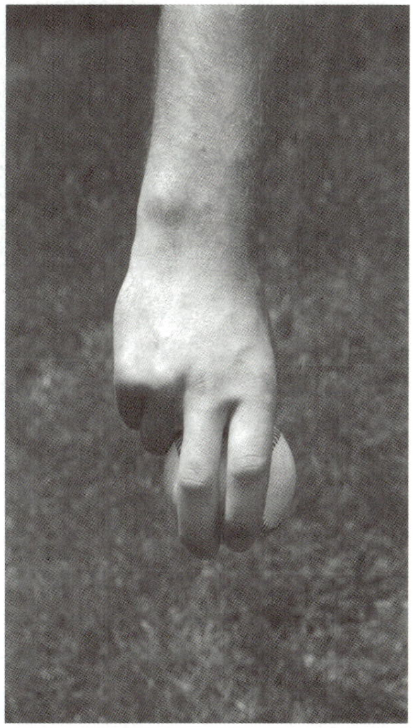
실밥 두 개를 따라잡는 패스트볼(투심)

투심 투구법은 두 개의 실밥을 겹쳐 잡기 위한 변화 그립이다. 이 두 그립은 공이 그라운드 볼이 되거나 떨어지도록 유도하는 로케이션(제구력) 투수들을 위한 것이다. 중지가 공기흐름 속에서 중력과 맞물려 수평 혹은 아래로의 움직임을 주기 위한 회전을 준다. 릴리즈 포인트(release point)에서 팔은 최고로 쭉 뻗어 뿌려져야 하고, 손목은 공 뒤에 고정되고 중지가 공의 중심선을 따라 힘을 준다.

글러브 위치잡기 Glove Positioning

발착지에서 팔꿈치의 라인업(lining up)을 한 뒤, 몸이 야구공을 플레이트 쪽으로 향하도록 에너지를 전달하기 위해 머리/무게중심축을 회전할 때, 최대한 글러브가 착지 발 위에 있도록 해야 한다. 던지는 팔의 팔꿈치를 고정되어 있는 글러브 쪽 팔꿈치로 가져와야 한다. 그 상태를 잘 유지하면서 자연스럽게 높이를 유지하며 앞으로 향하게(out front) 한다.

실제 경기와는 별도로 스킬 훈련을 통해 모든 투구 시 글러브 안에서 전완, 손목, 손, 그립의 각을 미리 준비(setting)하도록 해야 한다.

스플릿 핑거 Split finger

스플릿 핑거(split finger)는 정확하게 패스트볼(fast ball)과 같게 던진다. 손목은 중지 방향을 따라 옆쪽으로 돌아가려고 한다. 그러한 동작이 일어나지 않도록 해야 한다. 투수가 공 중심에 가상의 중지가 존재하는 것처럼 투구해야 한다. 이것은 손목을 굳건히 해주고 보통 패스트볼(fast ball)과 똑같은 생체역학적인 투구동작을 만든다. 릴리즈 포인트(release point)에서 팔은 공 뒤쪽의 손목을 고정한 채 직선으로 최대한 뻗어져서 투구해야 한다. 검지와 중지는 공의 옆면에 있어야 한다. 방향을 잡기 위해서는, 공에 떨리는 움직임을 더하도록 엄지가 공의 밑에서 실밥을 끌어야 한다. 스플릿 핑거(split finger) 투구는 일반적으로 비속구(off-speed)에 속한다.

싱커 Sinker

싱커(sinker)는 손바닥이 완전히 젖혀진 상태의 반 정도 되는 전완, 손목, 손의 각으로 패스트볼(fast ball)의 팔 스피드와 같게 던져진다. 중지는 공의 중심축을 따라 밀며 전완의 각과 같은 회전을 만든다. 손목과 손은 안쪽에서 바깥쪽으로 나가는 동작을 취한다. 릴리즈 포인트(release point)에서 팔은 직선으로 최대한 뻗어져서 뿌려지며 손목은 살짝 안쪽으로 접히는 각도로 고정한다. 이것은 중지가 공의 중심축을 통해 밀어내는 회전을 줄 수 있도록 한다. 싱커(sinker)는 속구로 본다.

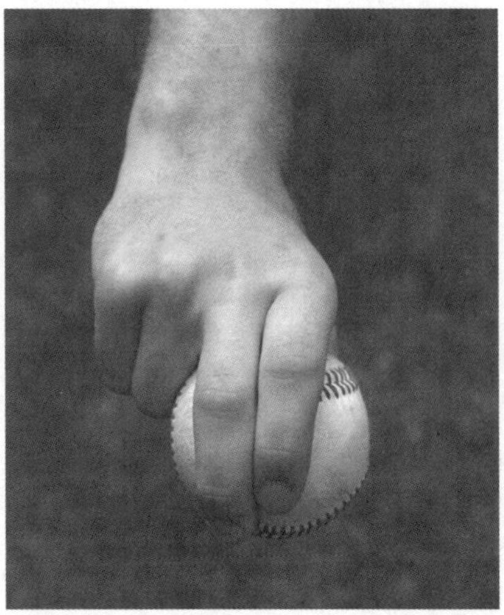

슬라이더 Slider

슬라이더는 패스트볼(fast ball)의 팔 스피드로 던져진다. 전완과 손목, 손은 가라데 손날(karate chop)의 반 정도의 각을 유지해야 한다. 중지는 공의 중심축을 따라 자르면서 전완, 손목, 손의 각과 같은 회전을 만든다. 팔의 동작이 바깥에서 안쪽으로 들어가는 동작과 같았고 생각하면 된다. 릴리즈 포인트(release point)에서 팔은 직선으로 최대한 뻗어서 공을 던지며 손목은 살짝 안쪽으로 접히는 각도로 고정한다. 이것은 중지가 공의 중심을 자르는 회전을 주도록 한다. 슬라이더는 속구로 본다.

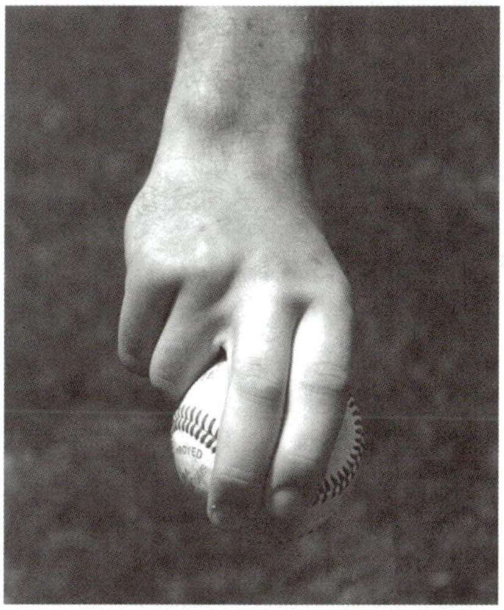

스크류볼 Screwball

"스크루지(scroogie)"는 패스트볼(fast ball)의 팔 속도로 던져지며, 전완, 손목, 손의 각은 완전한 바깥쪽으로 젖혀지게 투구한다(pronation). 엄지로 이끌면서, 이것은 중지가 공의 중심축 위로 회전을 주게 하며, 안쪽 면이 아래로 향하는 동작 안에서 중력과 같이 작용하는 회전을 만든다. 릴리즈 포인트(release point)에서 팔은 직선으로 최대한 뻗어서 공을 던지며 손목은 손바닥이 바깥쪽으로 향한 각도로 고정한다. 이것은 중지가 공에 최대한 바깥쪽 회전을 줄 수 있게 한다. 스크류볼(screw ball)은 팔의 각이 공에 힘이 아닌 회전을 주기 때문에 비속구 투구로 본다.

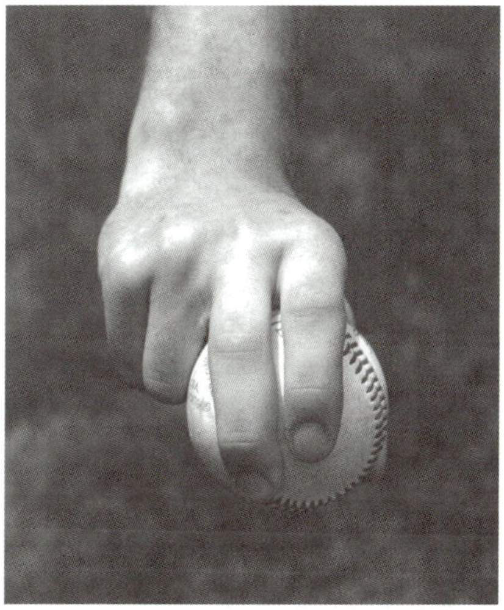

커브볼 Curveball

커브(curve)는 전완, 손목, 손 각이 완전히 안쪽으로 향한, 가라데 손날(karate chop) 같은 각으로 패스트볼(fast ball)의 팔 스피드로 던져진다. 이것은 중지가 공의 중심선 위쪽으로 회전을 주게 하며, 바깥면이 아래로 내려가는 동작을 통해 중력과 같이 작용하는 스핀을 만든다. 릴리즈 포인트(release point)에서 팔은 다시 직선으로 최대한 뻗어서 공을 던지며 손목은 완전한 가라데 손날(karate chop)의 각도로 고정 시킨다. 이것은 중지가 공에 최대한 손바닥이 투구쪽을 향하는 회전을 만들어 준다. 커브볼(curve ball)은 팔의 각이 공에 힘이 아닌 회전을 주기 때문에 비속구 투구로 본다.

서클 체인지 Circle change

서클 체인지는 스크류볼(screw ball)과 똑같으나, O 모양이 포수에게 직접 던져지도록 한다.

패스트볼(fast ball), 브레이킹 볼, 체인지 업(change-up)은 엄지와 중지로 짜내라(squeeze). 스플릿 핑거(split finger)에서는 엄지만으로 짜내라. 이것은 약한 혹은 노쇠한 투수들이 느슨한 손목(floppy wrist)을 없애는데 도움이 된다.(리틀 리그부터 메이저 리그까지)

이제 당신은 지속적인 스포츠 과학의 투구에서 절대적 가치의 다섯 번째이자 마지막인 릴리즈 포인트(release point)에서 굽힌 T형 팔꿈치(flext-T elbow), 전완, 손목, 엄지, 중지의 위치를 배울 차례다. 그것을 배우고 꼭 그렇게 되도록 해보자!

표 5.2 투구 속도(Pitch velocity)

다른 여러 수준의 플레이에서 투구들 패스트볼, 슬라이더, 커브, 체인지업의 타입에 대한 구속의 범위는 투수마다 다르며 그의 최고의 패스트볼 속도와 관련이 있다. 어느 수준이든, 타자들은 투수들이 던지는 것을 칠 수 없다. 다만 그들은 그들이 보는 것을 치는 것이다. 90마일의 패스트볼을 가진다는 것은 멋진 일이지만, 투수들은 타자들을 아웃시키기 위해 세게 던질 필요는 없다. 투수들은 제구력, 움직임(movement), 스피드의 변화로 타자를 아웃시킨다.

공을 빠르게 던지는 것은 팔의 움직임 속도를 빠르게 하는 것이며, 다리의 속도와 같이 팔 속도는 선천적이다. 좋은 투구동작(신체적 조건)과 적절한 컨디션 유지로 속도를 올릴 수 없다. 그들은 다만 속도가 일정하도록 도울 뿐이다. 그럼 투수들이 그의 패스트볼의 효과를 증진시키기 위해서는 무엇을 할 수 있는가?

다양한 투구들이 패스트볼 투구 시 팔의 움직임 속도로 패스트볼 속도보다 감소되어 나타난다. 여기 투수 자신의 최고 패스트볼을 기준으로(연령이나 선천적인 능력과 관계없이) 체인지 업(change-up), 커브, 슬라이더의 최적 속도 범위가 있다.

최고 패스트볼에서 최고 체인지 업(change-up) = 17~20 마일 느리게

최고 패스트볼에서 최고 커브볼 = 13~16 마일 느리게

최고 패스트볼에서 최고 슬라이더 = 9~12 마일 느리게

이 측정치들은 아주 빠른 공을 던지는 투수들과 아주 느린 공을 던지는 투수들에게는 약간 다를 수 있다. 아주 빠른 공을 던지는 투수들은 스피드의 변화가 적어도 된다. 놀란 라이언(Nolan Ryan)의 체인지업(84마일)은 최고 직구의 속도가 82마일인 투수보다 2마일 더 빨랐다. 아주 느린 공을 던지는 투수들은 모든 투구에 있어 더욱 속도의 변화를 필요로 한다. 스베리(Tewksbury)는 80마일 패스트볼을 던지기 위해 55마일 커브볼(curve ball)을 던진다! 나의 스크류볼(screw ball)은 60마일이었으며 그것은 내 패스트볼이 실제보다 더욱 빠르게 보이도록 도움을 주었다.

기술 훈련 Drills for Skills

전면-측면 촉진훈련(Front-side facilitator)

글러브 쪽 팔꿈치의 방향성, 거리, 유지성을 개선하기 위한 내가 발견한 최고의 훈련은 '전면-측면 촉진훈련'이다. 이것은 던질 때나 투구를 하는 동안 실제로 2에서 4파운드짜리(0.91~1.81 kg) 에어로빅 손목 웨이트(무게를 가진 운동용, 아령 등)를 투수 글러브로 잡고 있는 것이다. 발착지에서 팔꿈치들을 라인업한 후, 글러브의 무게는 타겟 쪽으로 향하며, 착지 발 위에서 멈춘 채 고정 시킨다. 그러면 몸이 앞쪽으로 미끄러지며 글러브 무게 쪽으로 회전하며 던지는 팔은 글러브 팔과 함께 릴리즈의 좁은 꼭짓점으로 간다. 정확히 된다면 투수는 글러브의 무게로부터의 저항을, 거의 못 느낀다. 부정확하게 된다면, 글러브 무게가 목표지점에서 벗어나는 속도와 무게만큼 힘과 에너지를 잘못 분산시킨다. 2에서 4파운드는(0.91~1.81 kg) 글러브 쪽 어깨와 팔에 10에서 20파운드(4.54~9.07 kg)로 느껴진다! 또한, 전면-측면촉진훈련은 수건 훈련과 함께 이용될 수 있다.

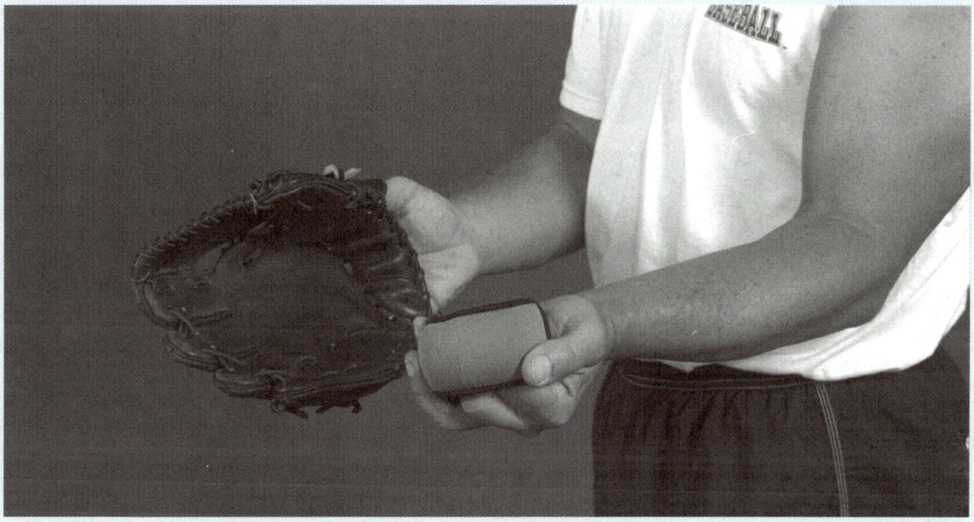

전면-측면촉진훈련은 웨이트를 글러브에 놓고 하는 것이다. 만약 글러브가 제 위치를 벗어나면 웨이트는 에너지를 잘못 이끌고 눈에 띄게 무거움을 느끼게 된다. 제대로 되어, 글러브가 목표지점과 적절하게 정렬되면 그것은 빈 글러브와 같이 느껴진다.

하키 퍽 훈련 (hockey Puck Drill)

릴리즈 포인트(release point)로 가는 전완, 손목, 손, 그립의 위치를 보완하기 위한 내가 발견한 최고의 훈련은 하키 퍽 훈련이다. 하키 퍽을 가지고, 스트레치(strech) 자세에서 콘크리트 혹은 벽돌벽으로부터 15피트(4.5 m) 정도 떨어져 서서, 패스트볼(fast ball), 브레이킹 볼(breaking ball), 체인지 업(change-up), 스플릿 핑거(split finger)를 미리 던질 준비를 하고 낮은 힘으로 벽에 하키퍽을 던진다. 만약 메커니즘이 효율적이면 하키퍽은 벽에서 튀어서 타이어처럼 굴러서 투수에게 똑바로 되돌아올 것이다. 만약 투수의 메커니즘에 어떤 것이라도 릴리즈 포인트(release point)로 가는 정렬에서 벗어난다면 하키퍽은 튀거나 똑바로 돌아오지 않는다.

기술 훈련 Drills for Skills

하키 퍽 훈련 (hockey Puck Drill)

기술 훈련 Drills for Skills

무릎 꿇고 던지기 훈련 (Two knee Drill)

어떤 거리든 (한계 거리 내에서) 던지기 혹은 투구의 릴리즈 포인트(release point)를 완성하기 위해 내가 발견한 최고의 훈련은 무릎을 꿇고 던지는 훈련이다. 평지에서 목표지점 쪽으로 자세를 잡고 어깨너비로 무릎을 꿇는다. 복부와 허리에 힘을 주어 가슴을 위로 똑바로 세워 넘어지지 않도록 한다. 두 팔꿈치를 가슴 높이에 유지하고 글러브를 낀 팔과 던지는 팔이 같은 경로를 유지하게 몸통을 회전하여 던지면 된다. 이 자세로 짧게, 중간, 길게, 토스(toss)를 한다. 아주 작은 자세 변화나 비효율적인 글러브 움직임만으로도 공이 오른쪽, 왼쪽 혹은 위나 아래로 각각 벗어날 것이다. 제대로 된다면 리틀 리그(little league) 선수들마저도 60~75피트 (18.29~22.86 m)거리에 공을 정확하게 던질 수 있다. (당신의 연령이나 수준에 관계없이) 120피트(36.58 m)에서 10에서 15번의 완벽한 송구를 할 수 있도록 연습해보자. 그것은 당신이 실제 경기에서 수행해야만 하는 가장 긴 송구이다.

야구공이나 하키 퍽을 대신 사용 할 수 있으며 전면-측면 촉진 훈련을 같이하거나 하지 않아도 된다. 파트너는 30에서 45피트(9.14~13.71 m) 거리에 서게 하고, 적절한 전완, 손목, 손의 각도를 염두에 두고 모든 그립을 (글러브 속에서) 준비하라. 패스트볼(fast ball), 브레이킹 볼(breaking ball), 체인지업(change-up), 스플릿 핑거(split finger)를 각각 10에서 15번 완벽한 동작으로 던져라.

프로들을 통해 보는 하우스 콜(예시)

릴리즈 포인트에서 정확한 위치

랜디 존슨(Randy Johnson's)의 글러브는 착지 시에 스트라이드 발(stride foot) 위에 위치하여 몸과 던지는 팔이 앞으로 미끄러지며 고정된 앞 쪽 팔꿈치로 회전하는 동안 계속 그 위치에 머무른다.

릴리즈 포인트에서 부정확한 위치

호세 리조(Jose Rijo's)의 글러브는 무게중심에 가깝게 위치해 있고 팔꿈치는 무게중심 뒤에 있다. 그 결과는 제구가 좋거나 강력한 공을 투구 할 수 없게 된다. 팔의 부하를 크게해서 부상을 초래하게 된다.

데이브 리제티(Dave Righetti)도 똑같다. 그의 글러브는 스트라이드(stride) 발 위가 아닌 무게중심에 위치한다.

기술 훈련 Drills for Skills

1회 홉 훈련(One-Hop Drill)

투수가 "앞쪽으로 향하게(out front)" 하도록 내가 발견한 가장 간단한 훈련이 1회 홉 훈련이다. 평지 혹은 마운드에서, 홈플레이트(home plate)를 약 45피트(13.71 m) 정도 맞춰 놓은 다음 모든 투구를 플레이트에 한번 튕겨서 포수망에 들어가도록 던진다. 투수는 릴리스 포인트가 앞쪽으로 나가지 않는 한 짧은 거리로 놓여진 플레이트에 투구를 튕기게 던질 수 없다. (1회 홉 훈련에서도 전면-측면 촉진훈련(Front-side facilitator)을 쓸 수 있다. 그리고 모든 투구는 미리 투구 준비를 해야 한다는 사실을 기억하라!)

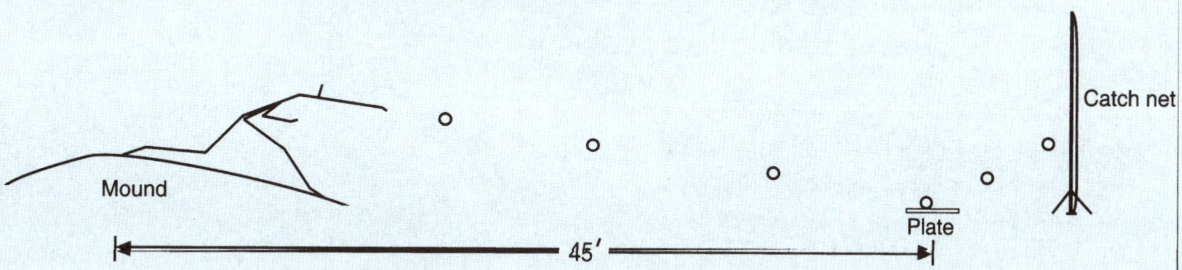

PART 2

기능적인 체력훈련
Functional Physical Training

PART 2

기능적인 체력 훈련

Functional Physical Training

"투수에게 있어서 큰 근육군의 상해는 거의 드물다; 투수의 상해는 작은 근육군이나 결합조직에서 발생하고, 강하게 던지는 것이 반드시 속구를 의미하는 것은 아니다"

내가 세상을 여행할 때마다, 투수들은 나에게 웨이트 트레이닝이 더 빠른 공을 던지는데 도움을 주는지 묻는다. 투수들은 근육을 더 크게 하는 것이 좋은지, 어떤 근육을 키워야 하는지, 그 근육이 언제 만들 수 있는지를 알고 싶어 한다. 그러나 코치들은 웨이트 트레이닝이 투수들을 건강하게 유지 시켜줄 수 있는지 알고 싶어 한다. 그렇다면, 어떤 종류의 웨이트 트레이닝이 가장 좋은지 또한 알고 싶어 한다; 머신인지? 프리 웨이트인지?, 가볍게 운동해야 하는지? 무겁게 운동해야 하는지? 세상에는 잘못 알려진 야구 트레이닝법이 많이 존재한다. 그리고 이 책의 이 장(chapter)에서는 이런 잘 못 알려진 것들을 설명하고 있다. 7장과 9장에 시즌 전, 시즌 중, 시즌 이후의 훈련 프로토콜의 강도를 제공하는 방법을 요약해 놓았다. 아마도 투수와 그들이 던지는 빠른 공에 대한 가장 큰 착각은 투수가 무게를 많이 들면 더 빠른 공을 던질 수 있게 된다는 것이다. 실제로 팔의 움직임 속도와 팔의 근력과 지구력은 별개의 것이다. 팔의 움직임 속도는 선천적으로 타고나는 것이다. 팔의 근력과 지구력을 트레이닝 한다는 것은 투수가 가지고 태어난 속근섬유를 조금 지지해주는 것에 지나지 않는다. 투수는 빠른 공을 던지기 위해서 강해질 필요는 없다. 그러나 반드시 하지부터 시작해 손가락의 중지에서 공으로 전달되는 운동에너지 얻기 위해 순차적으로 생성되는 부하를 받칠 수 있는 기능적인 근력은 충분히 가지고 있어야 한다. 던지는 데 필요한 부하가 더해지면 질수록, 투수는 자신의 가장 약한 연결시스템(link system)만큼은 강하게 단련해야 한다.

내가 환태평양 지역에서 처음으로 코치와 컨설턴트로 일을 시작했을 무렵, 나는 선수들이 상해 없이 매우 많은 투구를 할 수 있다는 것에 놀랐다. 일본, 대만, 한국의 투수들이 불평이나 부정적인 영향이 없이 일주일에 800개의 공을 던지는 것을 보았다. 그들의 겉모습은 수퍼맨 같아 보이지는 않았다. 그리고 그들의 매커니즘은 별로 특별해 보이지도 않았다. 그 후에 나는 미국으로 돌아왔고 일주일에 250에서 300개 정도 던지는 나의 선수들이 팔꿈치나 어깨에 통증을 경험하는 것을 보았다. 그리고 미국의 어린 선수들이 일반적인 근력 운동 프로그램으로 좋은 매커니즘으로 던지고 있고 체격도 크다는 것을 알게 되었다. 그런데 왜 미국 선수들이 통증을 경험하는지에 대한 설명이 필요하다. 내 연구나 저서, 비디오를 보아왔던 여러분은 내가 투구의 메커니즘이나 근력, 투구의 총합을 통합하는 것을 믿는다고 알고 있다. 당신 또한 내가 25년 전에 투수나 코치에게 저항운동을 주장하기 시작했다는 것을 알고 있을 것이다. 이 책의 II부에서 태평양의 양쪽지역 트레이닝 프로토콜을 비교하면서 우리가 얻은 것들을 설명하기 위하여 내 주장을 수정하고 있다.

기본적으로 (1) 절대적인 근력이 기능적 근력만큼 중요하지 않다; (2) 근력은 근지구력과 관절의 완전성을 보완해야 한다; (3) 심폐지구력은 유산소와 무산소 능력이 균형을 이루어야 하고; (4) 던지는 공의 개수가 증가할수록 1년 내내 모든 체력프로그램을 통합하여 실시하지 않는다면 꾸준히 스트라이크를 던질 수 있을 정도로 건강을 유지할 수 있는 투수는 없다. 미국과 환태평양지역의 트레이닝 프로토콜의 조합으로 만들어진 프로그램이 최고의 야구 트레이닝 프로그램이다.

그렇다면 미국과 환태평양 지역의 트레이닝 프로토콜의 조합으로 만들어진 프로그램은 무엇인가? 그것은 6가지의 구성요소를 가진 기능적 교차트레이닝(functional cross-training)이다: (1) 유연성 운동, (2) 신체운동(body work), (3) 관절-완전성 운동(joint-integrity), (4) 머신운동, (5) 프리 웨이트 운동, (6) 유/무산소 운동(그림 II.1.을 참고). 기술 트레이닝과 저항 트레이닝 결합의 개념은

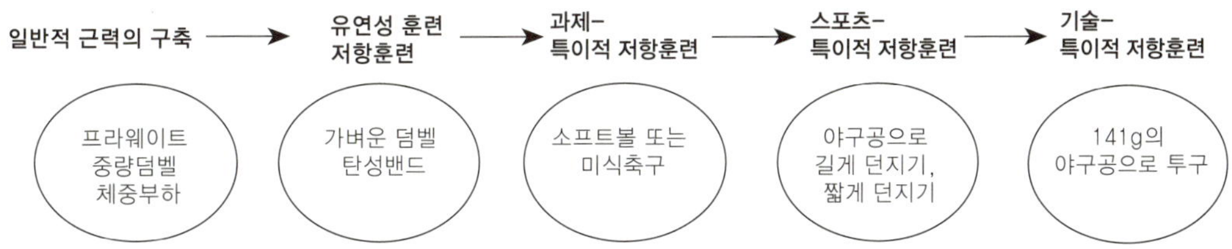

그림 II.1 기능적 통합운동의 구성요소

교차 트레이닝(cross-training)으로부터 유래 되었다. 기능적 교차 트레이닝은 야구의 투구 동작의 효율을 확인하기 위하여 만들어졌고 동작의 반복을 유지하기 위한 체력 훈련 프로토콜을 만들기 위하여 창조된 개념이다. 투수는 단지 던지기만으로 팔의 근력을 만들 수 없다. 왜냐하면, 던지는 동작은 상해로 가는 과정이기 때문이다. 따라서 투수는 저항훈련을 통해 팔의 근력을 만들어야 한다. 팔의 지구력은 유/무산소, 저항훈련, 던지기 훈련의 조합으로 만들어진다. 팔의 근력과 지구력 훈련은 투구의 총합과 어우러져 만들어져야 한다.

기본적으로 투수는 던지는 동작을 준비하고, 던지고, 던지는 동작의 효과를 재검증한다. 투수의 역활(구원/선발)은 트레이닝 프로토콜의 강조점들을 변화시킬 수도 있으나, 기능적 교차 트레이닝(functional cross-training)은 코치나 선수가 운동수행능력을 최대화하고 상해의 위험을 최소화하기를 원한다면 꾸준히 지속적으로 수행해야 한다. 투수를 위한 체력 훈련은 근력, 유연성, 그리고 근지구력; 적정한 체력 또는 심폐 효율성, 적절한 영양섭취가 기능적으로 균형을 이루어야 한다. 투구를 준비하는 것은 1년의 훈련을 만들고, 실행하고, 유지하는 것과 같은 변수들의 상호작용이 필요하기 때문에 유연성과 함께 파워를 최대화하는 근력에 대한 변수는 그림 II.1.에 잘 묘사되어 있다.

시합 시즌과 유지 트레이닝은 투수의 1년 트레이닝의 4가지 대주기(macrocycle) 중 하나이다. 이 기간은 가장 긴 주기를 형성하고 시합에 들어서는 시간에 약한 강도의 저항운동을 수행하는 소주기(microcycle)들로 이루어져 있다. 나는 내 클리닉과 강의에서 이 두 주기를 사용한다: 프로야구 투수의 시합시즌은 다양한 거리를 달리는 단거리 선수와 많은 선수들이 이어 달리는 초장거리 마라톤 경주와 비슷하다. 선발투수는 10km 달리기를 30~35% 정도의 힘으로 달리는 것과 동일한 일을 수행할 것이고, 구원투수는 400m 달리기를 80% 정도의 힘으로 달리는 것과 동일한 일을 수행할 것이다. 그러나 모든 투수는 타고난 체력과 투구동작의 효율, 동기부여, 개개인의 투수로서의 역할에 잘 맞도록 구성된 1년 주기의 트레이닝(주기와 프로그램) 프로그램으로 이득을 얻는다. 1 년 대주기의 상세한 내용과 실제 투구의 내용은 그림 II.2.에 잘 묘사 되어있다.

기술은 근신경계의 기억이다. 기술 트레이닝과 저항 트레이닝의 프로토콜은 서로 상호보완적이다. 신경은 지방에 작용하지 않는다; 신경은 순수한 근육조직에 가장 잘 작용한다. 동작특이적 무산소 운동, 지속적 유산소 운동 그리고 낮은 강도의 플라이오메트릭 운동의 결합은 인체의 지방을 연소시키는 가장 좋은 방법이다. 또한, 단순히 저항을 들어 올리는 동작은 지방을 태울 수 없다는 것이다. 나는 적어도 일주일에 3회 정도, 30~45분 정도의 조깅이나 자전거타기, 고정식 자전거타기, 풀

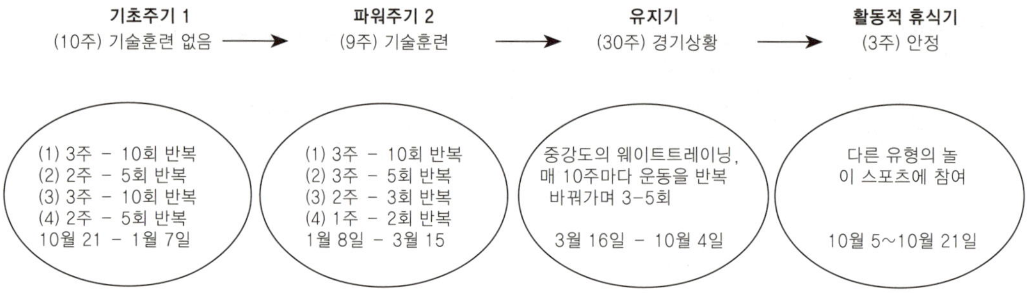

그림 II.2 투수의 1년 주기 트레이닝 일정표

장에서 운동(수영, 물장구치기, 낮은 물에서 달리기)하기와 같은 운동을 추천한다(저항운동 프로그램이 있다면 더욱 좋다). 이러한 운동은 실제로 대사 시스템을 관리하는 행위이며 매우 긍정적 효과를 가지고 있다. 또한, 근육조직이 산소를 더욱 효과적으로 얻게 한다; 이것이 의미하는 것은 근육이 더욱 효과적으로 일을 수행하고 더 오래 수행한다는 것이다. 이는 또한 근육조직으로 유입되는 혈액의 양을 증가시킨다; 이것이 의미하는 것은 근육의 피로물질을 제거하고 젖산과 같은 피로물질을 더욱 효과적으로 제거할 수 있다는 것을 의미한다. 대사적 체력은 중요 영양소를 이용하여 피로한 근육의 회복시간을 더욱 빠르게 회복시키는 것을 의미한다. 나는 이것을 "당신의 엔진 오일을 교체하는 것에 비유한다" . 그리고 모든 선발투수와 구원투수의 컨설트에 체력 훈련을 포함 시킨다. 컨디셔닝의 체력훈련의 관계도는 그림 II.3.에 잘 묘사되어 있다.

실행과 유지 COMMITMENT AND CONSISTENCY

트레이닝은 실행과 유지의 의무를 갖는다. 투수는 어떤 연령이든 어떤 수준의 투수이든지 체력적으로 미리 준비되어 있어야 한다. 이러한 체력적 준비는 투수의 성공 가능성을 최대화하고 상해를 입을 가능성을 최소화해 준다. 이러한 체력적 준비 없이 성공적인 투수나 매우 기술이 뛰어난 투수가 될 가능성이 있다는 것을 부정하지는 않는다. 그러나 체력적 준비 없이 성공한 투수는 투수로서의 긴 여정의 어떤 시점에서 기술만으로 버티지 못하며, 이 투수의 인체가 커다란 대가를 치르게 될 것이다. 이것이 코치가 선수에게 전달해야만 하는 중요한 내용이다. 이론은 무시할 수 없다. 이러한 이론은 트레이닝이 매우 힘든 작업이기 때문에 투수가 신체적, 정신적으로 부정하는 단계로 빠져들어 갈 수 있다는 것이 실제 나타날 수 있다. 그러나 체력적으로 최고의 단계에 접어드는 것은 더욱 힘든 일이다. 한 번 적정한 체력수준에 도달하게 되면, 우리는 기준선의 대략 70%에서 적정한 체력수준을 유지할 수 있다는 것을 알게 될 것이다.

놀란 라이언의 이야기는 당신에게 동기를 부여할 수 있을 것이다. 텍사스 레인저스는 클리블랜드 인디언스와 주말 게임을 하고 있었다. 이 이야기는 새로운 구장이 건설되기 2년 전 이야기이다. 놀란(토요일 저녁 게임에 등판하기로 예정되어 있었다)과 나는 운동하기 위하여 금요일 아침에 마

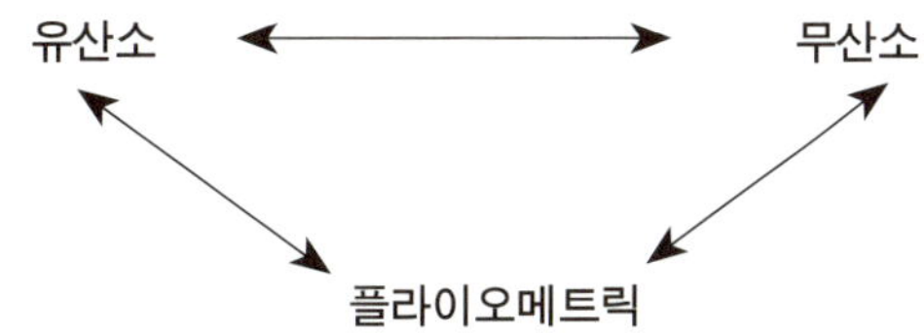

그림 II.3 유산소 운동은 모든 주기 동안 적어도 일주일에 3회, 30~40분 동안 해야 한다. 유산소 운동은 기초, 파워, 유지기 동안 일주일에 3~5회 실시해야 한다. 플라이오메트릭 운동은 유산소 또는 무산소 운동의 하나로 매일 수행 할 수 있다.

을의 헬스클럽에 갔다. 우리는 일요일(놀란은 항상 투구 다음 날 근력 강화운동을 한다)에 웨이트 트레이닝 시 들어야 할 무게에 대하여 클럽 매니저에게 물어봤을 때 매니저는 일요일에는 클럽이 문을 닫는다고 대답했다(나는 클리블랜드의 모든 클럽이 일요일에 문을 닫는다고 생각했다.). 그러자 놀란은 느릿느릿한 텍사스 억양으로 "일요일에는 클리블랜드에서 웨이트 트레이닝을 할 수 있는 곳이 없다는 이야기 인가요? " 라고 질문했다. 매니저는 다시 알아보겠다고 대답했다. 지금의 상황은: 클리블랜드에는 일요일에 문을 닫는 수 없이 많은 헬스클럽이 존재한다. 그러나 놀란은 무슨 일이 있더라도 일요일에 웨이트 트레이닝을 실시할 것이다. 건물의 보안책임자, 건물 매니저, 건물의 주인이 오랫동안 관행처럼 해왔던 일들이라는 것을 나와 놀란은 안다. 클럽 매니저는 "OK"라고 말했다. "일요일 아침에 당신을 위해서 문을 열 수 있습니다. 몇 시에 오시겠습니까?" "자 봅시다". 놀란은 말했다. "버스가 경기장으로 10시 30분에 출발하고, 우리는 아침을 먹을 것이고 음...아침 6시 30분 어때요(놀란의 운동시간은 대략 3시간 정도이다)? 괜찮아요? 괜찮아요?" 라고 매니저가 말했다. 자, 우리는 토요일 저녁 게임을 이겼다. 그러나 긴 여정이었다. 나는 놀란에 대하여 잘 알지 못하지만, 새벽 1시 30분에 잠자리에 들었고 일요일 새벽 6시에 호텔 엘리베이터를 타고 놀란이 웨이트 트레이닝을 실시할 수 있도록 움직였다. 나는 "이 상황이 뭐가 문제지"라고 생각했다. 이것은 동기부여, 헌신, 꾸준한 실행이 모두 합해져 하나로 실행될 수 있는 동기를 마련해 주었다. 그리고 왜 놀란이 46세까지 메이저리그에서 훌륭한 투수로 경쟁할 수 있는가를 보여주는 실마리가 되었다. 그런데 건물주는 우리가 운동할 수 있도록 허락해 주었다. 성공적인 사람은 하루 중 언제든지 동기부여를 받는다. 그리고 이것이 실행(commitment)이다.

제II부를 읽으면서 투수는 자신의 가장 약한 부분이 존재한다는 것을 기억해야 한다. 경기 상황에서 선천적이고 기술적인 각각의 부족한 부분을 보완하기 위해 훈련하는 방법을 배워야 한다. 프로 경기와 트레이닝 도구들에 대한 내용은 6장에서 논의할 것이고, 7장에서는 트레이닝을 운동수행 능력으로 전이되도록 하는 방법에 대해 논의할 것이다. 이 두 장은 전 세계 투수의 신체적 준비를 어떻게 해야 하는지를 지도법과 정보를 가장 잘 강조하고 있다.

CHAPTER 6

트레이닝을 위한 프로그램과 도구

Programs and Tools for Training

"당신은 홈플레이트(home plate) 위로 볼을 던지지 않는다."

1978년 자니 세인(Johnny Sain), 애틀랜타 브레이브스 투수 코치.

"그는 벤치 프레스 325파운드(약147kg)를 들 수 있지만, 스트라이크는 던질 수 없다."

1992년 익명의 선수가 텍사스 레인저스의 선수석에서 클리브랜드 인디안스 팀의 투수인 잭 암스트롱(Jack Armstrong)에 대해.

"내가 항상 했던 것만큼 열심히 던지는 것은 단지 열심히 하는 것이다;
단지 열심히 하는 것은 빠른 볼 만큼 목적을 달성하지 못한다."

1992년 애너하임 스타디움 웨이트장에서 캘리포니아 엔젤스 팀의 투수인 버트 블리레벤(Bert Blyleven).

이전 페이지의 의견들은 신체적 컨디셔닝과 투구의 관계에 관한 일반적인 오해를 반영한 것이다. 투구는 경기 상황에서 기술과 복합적인 움직임의 숙련이 요구된다. 야구선수는 유산소성 체력이 좋지 않아도 되며, 근력이 특별히 강하지 않아도 된다. 그리고 열심히 일하는 것은 반드시 열심히 던진다는 것을 의미하지는 않는다.

그러나 운동선수는 적절하게 훈련되어야 한다. 또한, 유산소성 체력이 있어야 하며, 균형 잡힌 근력, 신경근 효율성, 적절한 혈액의 화학적 특성을 가진 운동선수는 손상의 기회가 적으며 보다 오랫동안 선수생활을 할 수 있을 것이다. 기록이 좋은 몇 년과 경력 간에는 차이가 있다.

예를 들면, 스카우터들은 나를 통계적으로 간신히 요건을 만족시키는 메이저 리그(major league) 투수였다고 말한다. 시도하고 실수를 통해, 나는 8번의 메이저 리그(major league) 시즌에서 기술 수준을 보조하기 위한 최적의 체력 프로그램으로 유전적으로 타고난 재능을 보완했다. 즉, 트레이닝은 유전적인 재능을 극복하거나 기술을 대신할 수 없다. 그러나 신체적인 체력의 토대는 투수가 가진 재능과 기술을 보조할 수 있다.

보수적인 지도자들은 웨이트 트레이닝이 투수에게 나쁘다고 믿었으며, 이러한 믿음은 투수들의 근육을 제한하게 만들었다. 약 20년 전까지, 보수적인 지도자들의 생각은 옳은 것이었다. 왜냐하면 투수가 유연성과 관절가동범위에 영향을 받지 않고 웨이트 트레이닝을 하는 방법을 실제로 아는 사람이 아무도 없었기 때문이었다.

오늘날, 당신이 진정으로 투구역학에 관해 발에서 손가락 끝까지 운동에너지 전달을 이해한다면, 그 다음으로 역학적으로 효율성 있는 전달을 위한 근력과 유연성을 향상시키기 위한 적절한 방법을 제공하는 트레이닝 프로그램은 뛰어난 감각을 만든다. "적절하게" 라는 것은 좌측과 우측, 앞쪽과 뒤쪽, 단축성과 신장성, 근육의 건, 인대, 그리고 뼈의 생리학적인 균형을 만드는 맞춤형 프로그램을 의미한다.

투수를 위한 특이적 트레이닝 TRAINING SPECIFIC TO PITCHERS

투구는 신체의 독특한 활동이다. 손상에 저항하는 첫 번째 방어선은 근육이며, 두 번째는 건(tendon)과 인대(ligament)이다. 그리고 세 번째는 뼈(bone)이다. 건염(tendinitis)이 있는 투수들은 그들의 투구역학 또는 투구 수를 견디기 위한 근력 또는 근력 균형을 가지고 있지 않다. 뼛조각 또는 골극(spurs)은 투구에 의해 발생하는 부하 때문에 근육, 건, 인대, 그리고 투구역학(mechanics)이 오랫동안 가지고 있는 문제에 의해 발생한다.

저항 트레이닝은 반대쪽도 해야 한다. 근육 밀도는 가장 빠르게 증가하고, 그 다음 건과 인대의 강도, 그리고 마지막으로 뼈의 밀도가 높아진다. 다시 말해서, 컨디셔닝은 신체 구조물의 밀도를 강화시키고, 강화된 구조들은 투구 시 사용된다. 저항성 트레이닝을 통해 투구 시 발생하는 부하에 충분히 견딜 수 있는 예비적인 능력을 준비하지 않는 것은 어리석은 것으로 보인다.

투구를 위한 저항성 트레이닝은 기술을 위한 저항성 트레이닝과는 차이가 있다. 투구는 "신경지방 기억(neurofat memory)"이 아니라 "신경근 기억(neuromuscular memory)"과 관련되어 있다. 신경은 지방에서 작동하지 않으며, 지방은 움직임을 돕지 않는다. 과도하게 저장된 지방은 동일한 양의 근육 조직을 움직이는 에너지의 4배가 필요하다.

근육 조직 강화 BUILDING MUSCLE TISSUE

보다 큰 근육이 반드시 더 좋은 것은 아니다. 신경은 세포의 크기가 비슷한 밀도의 근육 조직에서 가장 잘 작용한다. 만일 근육이 커지면, 신경 작용의 효율성은 감소한다.

근력은 건, 인대, 그리고 뼈의 강도보다 빠르게 증가한다. 이런 점은 각 투수의 컨디셔닝 상태, 팔의 병리, 그리고 나이에 맞는 프로그램 설계 시 반드시 고려되어야 한다.

사춘기 이전의 투수들은 무거운 중량을 들지 말아야 한다. 왜냐하면, 근력은 얻을 수 있지만, 결합조직에 손상을 줄 수 있으며, 관절이 비정상적으로 작용하게 하는 실제의 파열(tear)을 일으킬 수 있기 때문이다. 사춘기 이전의 투수들은 무거운 중량 대신에 자신의 체중을 들어 올리는 팔굽혀펴기, 딥스(dips), 풀업(pull-ups), 턱걸이(chin-ups), 그리고 윗몸일으키기와 같은 운동을 해야 한다.

2부의 첫머리에서 왜 환태평양 지역 투수들이 휴식 없이 많은 투구에 의한 부하를 견딜 수 있었는지를 이해하게 되었을 때, 나는 정말로 곤혹스러웠다고 말했다. 근력(strength) vs 지구력(endurance)에 관한 보다 나은 정보, 근력과 지구력의 기준(benchmarks)에 관한 더욱 나은 정보, 그리고 트레이닝을 위한 시기(when)에 관한 더욱 나은 정보에 대한 전체적인 상황은 불명확하다. 나는 트레이닝 정보를 조금 확대하고 트레이닝 기준과 트레이닝 시기에 관해 논의하고 싶다. 투수의 기본 주기는 투수의 근력 강화 주기(building cycle)이다.

근력 강화 VS. 유지 BUILDING VS. MAINTENANCE

근력 강화(building strength)는 기술-특이적(task-specific) 던지기(마운드에서 투구)가 아니라 과제-특이적(skill-specific) 던지기(미식축구, 소프트볼, 또는 평지에서 야구공 던지기)가 있을 때인 오프시즌 중에 이루어져야 한다. 근력 유지(maintaining strength)는 과제-특이적, 기술-특이적, 그리고 경쟁적인 던지기가 있을 때인 시즌 중에 이루어져야 한다.

어떤 근력 트레이닝 프로그램이든 12~16주간 수행하는 것이 적절하다. 자연의 법칙을 거스르려 하지 마라! 오프시즌에 더 나은 집중, 보다 많은 시간, 그리고 보다 적은 산만함을 위해 자연의 법칙에 따라 운동하는 것이 영리하고 쉬운 것이다. 건과 인대의 강도는 약 10주간의 균형 있는 근력에 의해 높아지기 시작한다(적절한 트레이닝 프로토콜 사용 시).

근력 강화와 유지의 차이는 근수축 실패(muscle failure; 실패지점)까지 트레이닝 하는 것이다. 오프시즌에는 근수축 실패까지의 트레이닝을 통해 근력을 향상시켜야 한다. 시즌 중에는 근력의 기초를 유지하는 유지 트레이닝을 해야 한다. 투구는 근수축 실패까지 트레이닝 하는 것처럼 신체적 소진(tearing-down) 과정이기 때문에 시즌 중에는 근력 향상을 시킬 수 없다. 당신이 얼마나 강하든 상관없이, 시즌 동안 약해진다. 기계적인 효율성, 투구에 의한 부하, 그리고 유지 트레이닝에 따라, 투수는 시즌 전(preseason) 근력 수준의 20%가 감소될 수 있음이 레인저스(Ranges) 팀 투수들의 근력 검사에서 밝혀졌다. 오프시즌 컨디셔닝은 근력의 기초를 만들고, 체력(stamina)은 투구에 의한 부하와 시합에 의해 초래되는 전체적인 근력의 감소를 견디기에 충분하게 만든다.

오프시즌에 얼마나 많이 상체 근력을 증가시킬 것인지에 관한 좋은 추정은 시즌 중에 주당 투구에 의한 최대 부하로 결정하며, 웨이트 또는 저항 트레이닝 더하기 20%(근력 감소 보충을 위해)와 동일한 주당 운동량을 적용한다. 이것은 상체에만 적용된다. 다리 운동은 반드시 전신 저항 프로그램과 분리하여 고려되어야 한다.

동적균형 익히기 LEARNING DYNAMIC BALANCE

다음의 공식은 마운드에서 투구하는 투수에게 권장되는 오프시즌의 상체 운동(work)의 대략적인 양이다.

$$\text{주당 운동량(volume of work)} = \text{투구 수} \times \text{구속}^2 \times 0.01 \times \frac{1}{\text{기계적 효율성 요인}} \times \frac{1}{\text{근력 손실 요인}}$$

예를 들어, 마운드에서 주당 300개의 투구(게임과 기술 연습)를 85mph의 속도, 80% 기계적 효율성(출처: BioKinetics), 20%의 근력 손실 요인이 있는 아마추어 투수를 위한 일량을 알아보면, 아마추어 투수의 오프시즌 중 주당 투구에 의해 상체가 받는 부하는 다음과 같을 것이다:

$$300 \times 85^2 \times 0.01 \times \frac{1}{0.8} \times \frac{1}{0.8} \cong 34{,}000\text{pounds (약 15,422kg)}$$

반면에 90%의 기계적 효율성(mechanical efficiency rating)을 가진 프로 투수의 오프시즌 중 주당 투구에 의해 상체가 받는 부하는 다음과 같을 것이다:

$$300 \times 85^2 \times 0.01 \times \frac{1}{0.9} \times \frac{1}{0.8} \cong 30{,}000\text{pounds (약 13,608kg)}$$

일단 오프시즌 트레이닝 양이 평가되면, 오프시즌의 트레이닝 양의 70%로 시즌 중(in-season) 들기를 함으로써 유지될 수 있다(같은 중량과 들기, 적은 반복횟수 또는 같은 반복횟수, 적은 중량과 들기). 예를 들면, 아마추어와 프로 투수 각각 주당 24,000파운드(1,089 kg)와 21,000파운드(952 kg) 들기가 시즌 중에 트레이닝 양으로 권장된다. 이것은 최소한의 운동량임을 기억해야 한다. 투수는 보다 많은 운동량으로 훈련할 수 있다. 예를 들면, 케빈 브라운(Kevin Brown)과 케니 로저스가 주당 투구 수가 같지만 케빈 브라운(Kevin Brown)의 유지 프로그램은 케니 로저스의 근력 강화(building) 프로그램 보다 많은 운동량을 수행한다. 일단, 운동량이 평가되면, 투수는 투구한 날 주변에 가볍게, 중간, 그리고 무겁게 드는 날을 맞춤형 프로그램으로 계획할 수 있다.

근력 트레이닝 프로그램의 설계 DESIGNING A STRENGTH-TRAINING PROGRAM

투구를 하는 운동선수의 트레이닝 결과를 극대화 시키기 위해서 생리학적인 기초와 운동생리학적인 프로토콜을 적용해야 한다. 생체-역학(Bio-Kinetic)에 관해 우리는 다음과 같은 것을 발견하였다.

1. 3개의 기본 근육군은 단축성 수축하며 X 시간 내에 팔을 가속한다. 2개의 기본 근육군은 신장(elongation)하며 X+2시간 내에 팔을 감속한다. 따라서 감속시키는 근육들은 근력 균형을 위한 저항성 운동(가능하다면 언제나)은 가속시키는 근육들 보다 1/3 이상 더 많이 단련되어야 한다(이 장의 끝에 있는 리차드 하이취 박사의 논의 참조).
2. 가능하다면 언제나, 특히, 가벼운 저항운동(덤벨과 탄성 밴드) 시 전체 관절가동범위에서 팔의 회전이 있어야 한다. 왜냐하면, 트레이닝에 있어서 교차-특이적(cross-specific) 움직임은 투구 기술을 위한 고유수용성감각 발달에 도움이 된다.
3. 신체를 트레이닝하기 위한 최고의 방법은 없다. 등장성(isotonic, 프리 웨이트), 등속성(isokinetic, 노틸러스), 그리고 등척성(isometric, 움직임 없는 저항) 운동은 모두 결합되어 작용한다. 다른 효과적인 트레이닝은 팔굽혀펴기, 턱걸이, 윗몸일으키기, 그리고 딥스(dips)처럼 체중을 저항으로 이용하는 운동을 포함한다(레인저스 팀의 일부 투수들은 물속에서 저항을 증가시키기 위해 핸드 패들(hand paddles)과 핀(fins)을 이용하여 저항운동을 한다). 저항(weight)은 트레이닝 목표를 달성하기 위한 노력을 정량화하는 것을 돕지만, 각각의 투수들은 자신을 위해 적절한 것이 무엇인지를 선택해야 한다.
4. 저항 트레이닝 그 자체가 공의 속도를 증가시키지 않는다. 그러나 저항운동은 투수의 재능을 모든 투구에 있어서 신경근적으로 일관되게 할 수 있다(투수의 최대, 일반적으로 이미 결정된 팔의 속도).

그러나 낮은 무게로(underloading)로 수행하는 과부하(overloading) 저항 트레이닝은 팔의 속도를 개선 시킬 수 있다. 이 프로그램은 170g, 142g, 113g 정도의 야구공을 이용하여 설계된 특이적 프로그램이다. 쿠프 드렌(Coop DeRene) 박사와 나는 200여명의 고등학교와 대학 투수들을 대상으로 한 연구 프로젝트에서 이러한 사실을 지지하였다.

낮은 무게를 이용한 운동은 정규경기의 도구(142g)보다 20% 가벼운 도구(113g)를 이용한 기술을 수행하는 것이다. 113g 무게의 야구공을 이용한 투구는 투구 동작과정 중에 적은 저항을 팔에 제공한다. 적은 저항의 사용은 팔의 속도를 더욱 빠르게 할 것이다. 신경근 상호작용은 보다 빠른 팔의 속도를 기억할 것이며, 142g 무게의 야구공으로 투구할 때도 팔의 움직임 속도는 계속 이어질 것이다(우리의 연구에서 2.5~3% 증가된 전체 평균을 보였다).

이제 당신은 야구를 위한 저항 트레이닝의 관점을 가고 있으며, 그것은 트레이닝 지침을 만드는데 필수품이 되었다.

트레이닝 원리 TRAINING PRINCIPLES

당신은 상체 저항운동 프로그램의 이론과 적용을 알게 된다; 이제 약간의 상식을 추가하자. 운동선수는 먼저 긴장을 풀기 위해 준비운동을 한 다음, 운동 또는 경쟁적인 활동을 하고, 마지막으로 내일의 운동 또는 경쟁적인 활동을 위해 정리운동을 한다. 어떤 운동, 작업 또는 경쟁적인 생리학적 프로그램에서든 가장 중요한 요인은 강도, 운동부하, 운동기간, 그리고 빈도이다. 투구 부하와 관련된 몇 가지 요인들이 있는 것은 놀라운 것이 아니다(그림 6.1 참조).

만일 기술 운동 또는 경쟁적인 시합이 그날의 활동이라면, 트레이닝 프로그램은 긴장 풀기와 준비운동 과정의 일부분으로 사용될 수 있다(다양한 운동량, 빈도, 부하, 강도, 그리고 운동기간에 의해). 만일 저항 트레이닝이 그날의 활동이라면, 긴장 풀기와 준비운동은 운동 실행을 위한 것이다. 트레이닝은 교차-특이적(cross-specific)이다!

또한, 우리는 투구 후에 냉 치료와 유산소 운동(특히 고정식 자전거)을 병행함으로써 정리운동과 회복에서 투수들에게 많은 성공적인 결과를 거두었다. 투수들 모두는 자전거를 타는 동안 팔에 냉찜질을 하였다. 이러한 논리는 냉찜질이 미세손상(microtears)과 근육조직의 출혈을 치료한다는 것이다. 유산소 운동은 피로해진 근육의 밖으로 젖산(lactic acid)을 제거하고 치유과정을 촉진하는 데 도움이 된다. 놀란 라이언(Nolan Ryan)은 클럽하우스(clubhouse)에서 냉찜질과 자전거 타기 운동을 하는 그날 있었던 경기에 대한 내용의 기자회견을 하였다.

트레이닝 방법 (training modality)	= 운동량	× 강도	× 부하	×지속시간(duration)	× 빈도
투구	소주기(microycle) 동안 전체 일량	연습 vs 게임	연습 세션당(per session), 이닝 당(per inning)	출전 당 일량	출전 수
들기(lifting)	소주기 동안 들어 올린 전체 무게	들기 간의 시간	들기 당, 세트 당	세션 당 일량	세션 수
투구와 들기	선발 투수 = 지속시간은 많이, 빈도는 낮게 중간계투 투수 = 지속시간은 적게, 빈도는 높게				
들기	선발투수는 각각의 선발출전 간 한 번 또는 두 번의 최대하 세션(session)을 가진다. 중간계투 투수는 주당 5-7번의 미니세션(minisessions)을 가진다. 선발 투수와 중간계투 투수 모두는 전체 들기 운동량(lifting volumes)과 투구 량을 맞춘다.				

그림 6.1 투구와 트레이닝 운동부하에 관련된 요인들

투수가 야구경기의 투구를 위해서 스스로 어떻게 준비하는지를 재평가하는 것이 이 장의 목표이다. 간단히 말해서, 저항 트레이닝 운동을 어떻게 준비하는지를 재평가하는 것이다. 모든 사람들의 최대 관심은 시합을 위한 최고점에 도달하도록 투수를 돕는 프로그램을 실행하는 것이다. 최고점은 야구에서 보다 많은 집중을 위한 출발로 흥미로운 개념이다. 다음 절에서, 존 글레디(John Gleddie) 박사는 최고점을 주제로 아래와 같이 말했다.

절정의 투구 성취 ACHIEVING PEAK PITCHING PERFORMANCE

존 글레디 박사의 글

최고점은 운동수행을 위한 운동선수의 생리학적, 심리학적, 그리고 역학적 특성을 동시에 최고 수준에 이르게 하는 과정이다. 대부분 투수가 절정에 있을 때, 시합에서 우수한 운동수행을 달성한다.

필요한 시기에 최고점을 발휘하는 것은 지도자와 운동선수를 위한 변함없는 목표이다. 최근까지, 최고점 과정을 설명하기 위해 우리가 가지는 불가사의한 이론과 미신적인 시합 전 행동들이 있다. 이제 우리는 더욱 객관적인 도구를 가지고 있다: 연부조직 이미지화(soft-tissue imaging). 이 도구는 트레이닝과 시합에 의한 운동선수의 스트레스 수준을 객관적으로 측정하는 방법이다. 이러한 정보는 지도자가 선수들의 운동수행 준비를 보다 잘 예측할 수 있게 해 준다.

야구 투수들은 그들의 팔이 이전 시합의 스트레스로부터 완전히 회복되었을 때만 시합에 투입되는 것이 이상적이다. 실제로 투수들은 충분한 휴식과 회복이 될 것으로 추정되는 전통적인 5일 주기의 관습에 따른다. 5일 주기 이내에 투수가 활동에 참여하는 것은 조직의 재생 과정에 크게 영향을 준다.

소주기: 스트레스, 회복, 그리고 최고점 Microcycles: Stress, Recovery, And Peaking

최근 체열변화 연구들은 시합이 끝난 24시간 후 투수의 팔에 트레이닝 스트레스가 최대가 되는 것을 발견하였다. 회복은 시합 후 4일에 걸친 항정(steady)과 점진적 과정 다음에 일어난다. 이러한 2가지 사실에 예외가 있다. 하나의 예가 놀란 라이언(Nolan Ryan)이다. 회복에 대한 놀란의 접근은 시도와 실수를 통해 차츰 발전되었고, 성공을 거둔 시기에 의해 강화되었다.

놀란은 시합 직후 24시간 동안 중량 웨이트 트레이닝 프로그램을 실시함으로써 전통적인 회복과정을 변화시켰다. 이러한 방법은 놀란의 전신에 보다 큰 피로를 유발하며, 회복 기간을 다소 연장하고, 보다 높은 과보상(overcompensation) 상태를 성취하는 것이다. 이러한 주기가 잘 작동될 때, 놀란은 두드러진 투구를 할 수 있었다. 놀란의 방법은 대부분의 투수들, 특히 좋지 못한 투구동작을 가지고 있거나 시합 후에 과도한 통증이 있을 수 있는 투수에게는 권장되지 않는다. 우리 몸은 보다 무거운 것을 들기 전에 상처를 치유하기 위한 시간을 주어야 한다.

투구 최고점의 사례연구: 소주기 관리 A CASE STUDY OF PITCHING PEAKING: MICROCYCLE MANAGEMENT

케빈 브라운(Kevin Brown)은 최고점 투수의 한 예이다. 우리는 케빈 브라운(Kevin Brown)의 웨이트 트레이닝 날자와 기술-운동 날자를 변경하여, 스트레스 수준을 감소시키고 보다 효율적으로 최고점을 관리하였다. 2년간, 브라운의 소주기 체온변화는 그림 6.2에서 보는 바와 같다. 그림 6.2는 어떻게 그리고 왜 그의 선발출전을 위해 최고점을 최적화하기 위해 저항 트레이닝과 기술 운동을 변경하였는지를 보여준다. 이 도표는 생리학적인 준비를 적합하게 하기 위한 미세 조정 투구 역학, 투구에 의한 부하, 그리고 생리학적인 컨디셔닝에 의해 시합과 준비의 상호작용을 최적화하는 과정을 보여주고 있다.

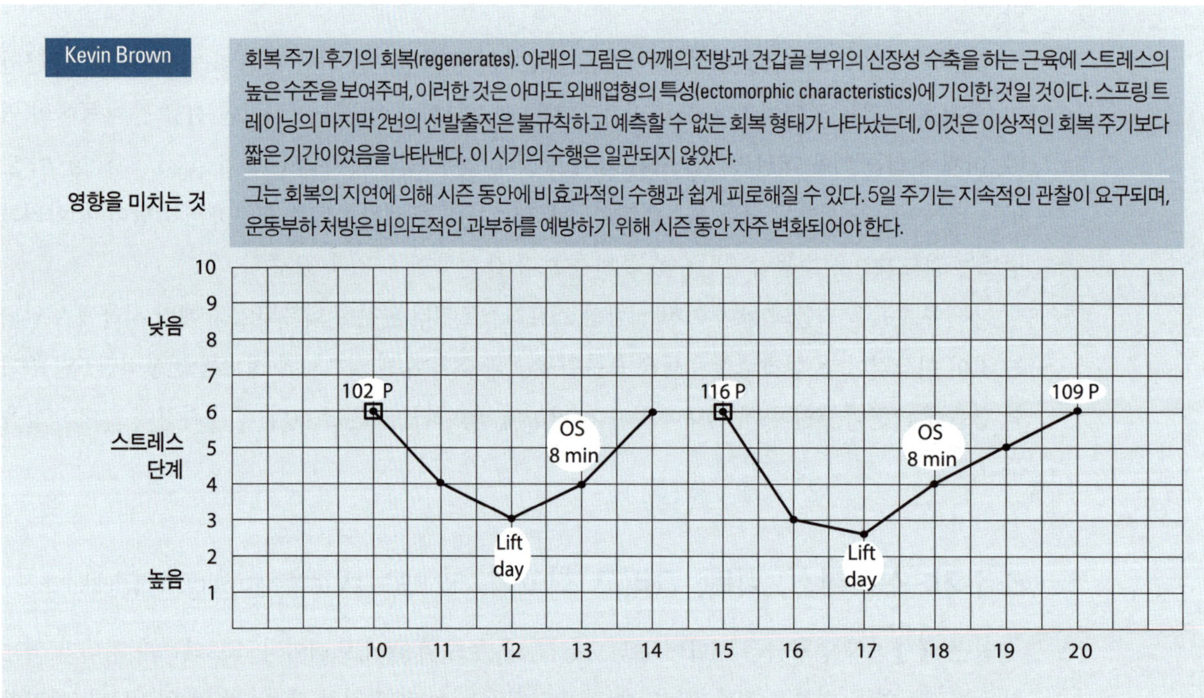

그림 6.2a 1991년 스프링 트레이닝 동안 케빈 브라운(Kevin Brown)의 소주기.

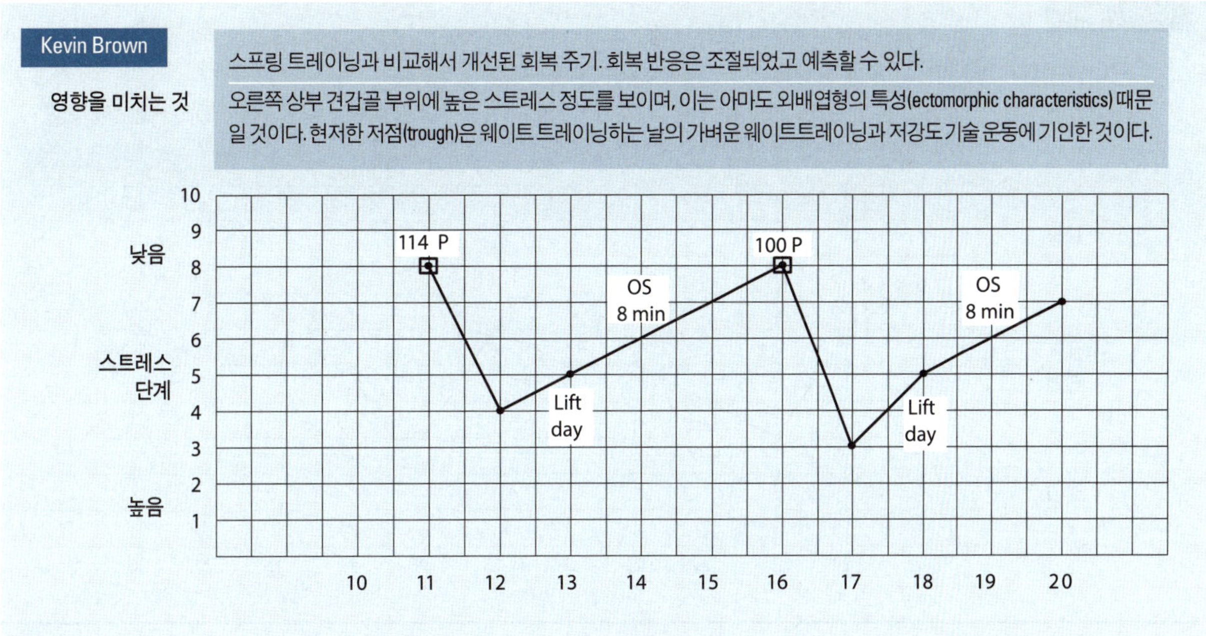

그림 6.2b 1991년 7월 동안 케빈 브라운(Kevin Brown)의 소주기

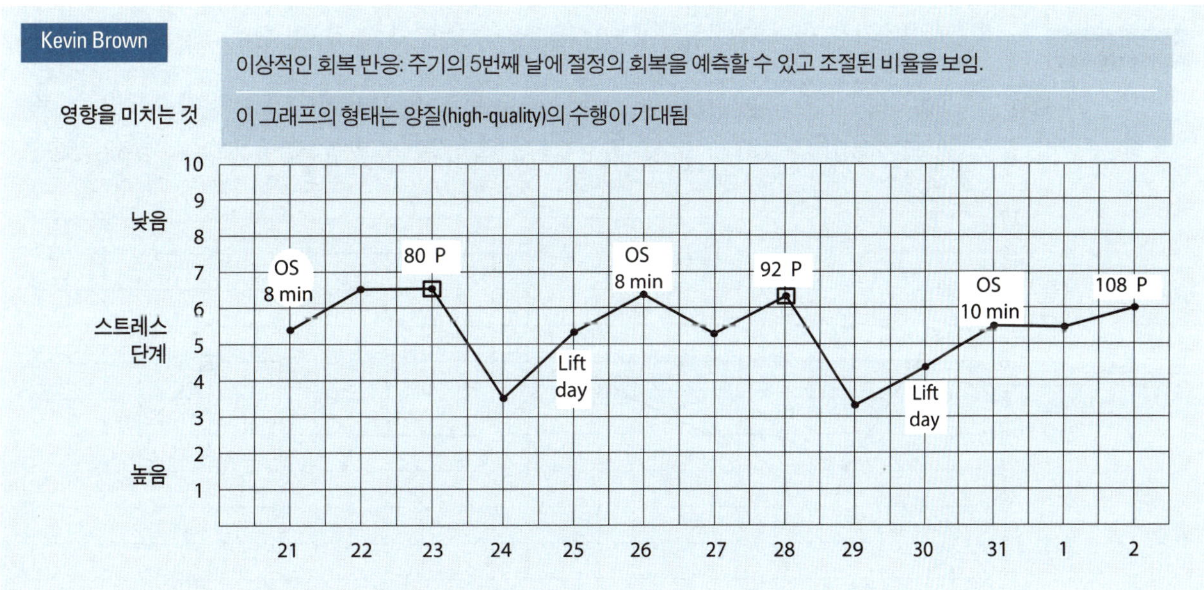

그림 6.2c 1991년 스프링 트레이닝 동안 케빈 브라운(Kevin Brown)의 소주기.

Kevin Brown

스프링 트레이닝과 유사. 이상적인 반응을 보임: 5번째 날에 조절되고 예측할 수 있는 절정의 회복 비율

예측하기: 이러한 그래프의 형태를 보이는 동안 양질의 수행이 예측됨

영향을 미치는 것: 스트레스를 받은 6월 29일에 신체적 상태가 팔 스트레스 수준과 일치하지 않았다. 아마도 외배엽형의 특성(ectomorphic characteristics)으로 인해 시즌 동안에 가벼운 좌상(strain)을 입기 쉬울 것이다.

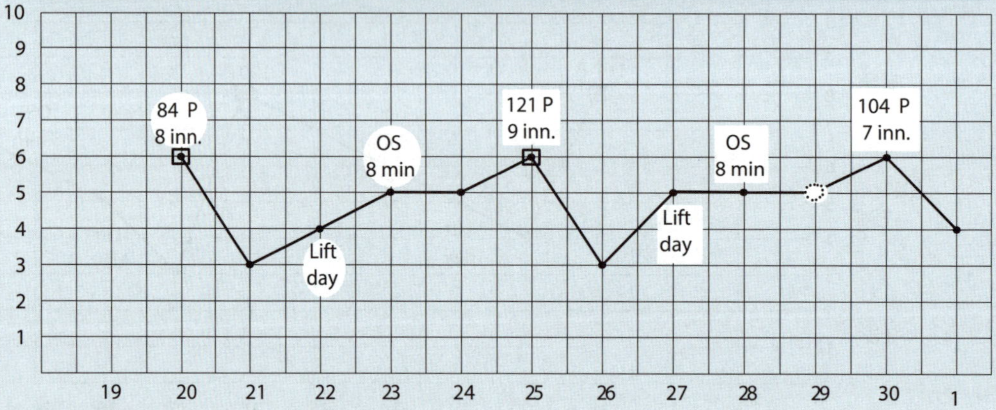

그림 6.2d 1992년 6월 동안 케빈 브라운(Kevin Brown)의 소주기.

Kevin Brown

5번째 날에 조절되고 예측할 수 있는 절정의 회복을 보임. 회복은 주기에서 시즌 동안 누적된 피로 때문에 1일 지연되어 나타나는 것으로 보인다.

예측하기: 이전의 수행 스트레스 수준(6 등급)으로 회복되는 동안 양질의 수행이 예측됨

영향을 미치는 것: 극대화된 회복을 위해 회복의 2번째 날로 투구 날을 변경하라. 회복의 1번째 날로 웨이트 트레이닝 하는 날을 변경하라.

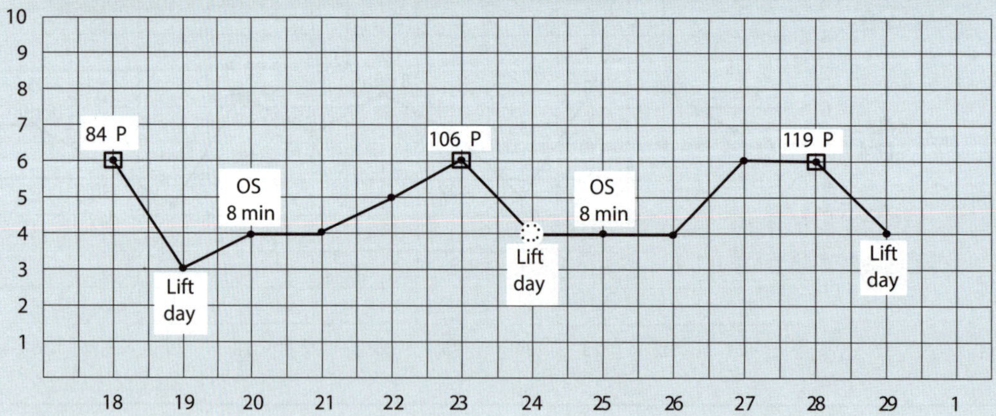

그림 6.2e 1992년 8월 동안 케빈 브라운(Kevin Brown)의 소주기

이 절은 글레디 박사가 주장하는 선발투수를 위한 전형적인 소주기 관리에 관한 것이다. 1년에 30~35번 성공적인 메이저 리그(major league) 선발투수로 등판했던 비결을 살펴보면 다음과 같다. 성공적인 메이저 리그(major league) 중간계투는 보다 낮은 강도지만, 보다 빈번한 빈도로 동일한 기본 과정을 수정할 것이다. 중간계투를 하는 투수의 소주기는 그림 6.3과 같다.

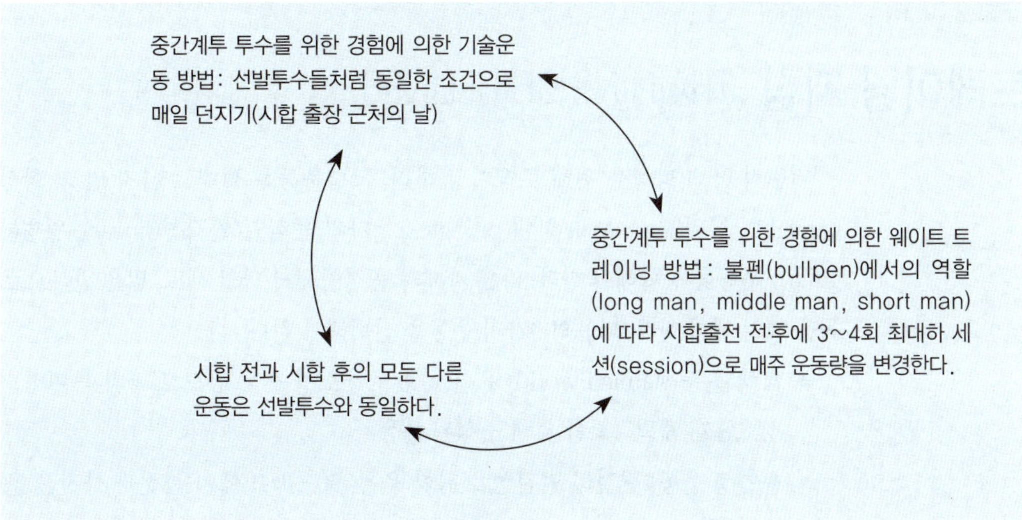

그림 6.3 중간계투 투수의 소주기

투수를 위한 기능적인 트레이닝 FUNCTIONAL TRAINING FOR PITCHERS

나는 모든 투수의 트레이닝 프로그램과 교육적 접근을 무비판적으로 찬성할 수 없다는 것을 어렵게 배웠다. 준비는 거대한 요리책과 같으며, 지도자는 투수에게 적합한 요리법을 찾으려고 한다. 한 번의 트레이닝은 성공적인 맛을 제공한다(그리고 기억하라, 요리를 아주 잘하는 여자조차도 가끔 브라우니(brownie, 열매가 든 판초콜릿을 넣은 케이크)를 태운다!).

또한, 운동선수들은 그들의 트레이닝 프로토콜을 책임지고 있어야 한다는 것을 나는 어렵게 배웠다. 다음의 내용은 투수들의 기능적 교차-컨디셔닝(cross-conditioning)에 관한 것이다.

약한 연결부위의 근력강화 STRENGTHEN THE WEAK LINKS

만일 투수가 가장 약한 연결부위만큼만 강하다면, 태평양 연안지역의 전체 투수와 같은 역학과 투구를 하려면 근력과 지구력 관계에서 보다 기능적이어야 한다. 태평양 연안지역 투수들의 결합조직과 소근육군은 주동근 또는 대근육군과 같은 양을 가지고 있다. 실제로, 그들의 대근육 또는 주동근 근력은 평균 이하이며, 결합조직과 소근육은 지구력을 가지고 있다. 또한, 상당히 유연하다. 다리에서 중지(middle finger) 끝까지 전달되는 에너지의 흡수, 발휘, 그리고 전달에 있어서 순차적인 근육 부하는 효율적이다. 운동에너지사슬(kinetic energy chain)에서 모든 연결은 동등하게 기여한다. 그러나 미국 투수들은 결합조직과 소근육군은 발달되어 있지 않고, 주동근(prime-mover)인 대근육이 발달 되어 있다. 미국 투수들의 절대 근력은 기능장애가 있어서 순차적인 근육 부하는 비효율적이다. 운동에너지사슬에서 어떤 연결부위가 발에서 중지 끝을 지나 야구공으로 에너지를 흡수, 발휘, 그리고 전달할 때 어떤 연결부위의 균형이 맞지 않거나 순서가 벗어난 부위가 참여한다. 또한, 미국 투수들은 극소수만 유연하다.

트레이닝 지침 TRAINING GUIDELINES

기능적 근력 향상을 위해 트레이닝 하라. 고립운동은 절대로 하지 말고, 항상 3가지 자세(중립(straight), 회외(supinate), 회내(pronate)), 3가지 움직임(일직선(linear), 원형(circular), 각진(angular)) 운동을 통합해야 한다. 다른 자세와 움직임에서 단일 세트, 많은 반복으로 이루어진 전신 운동을 매일 해야 한다. 다음의 3가지 운동을 선택해야 한다.

- **체력 운동**(stamina work): 유산소성/무산소성 운동 강도로 교차-특이적 자세와 움직임으로 심호흡계 체력강화를 위해 구성된 운동
- **유연성 운동**: 관절의 안전성을 위한 운동. 90°~180°에서 관절과 사지를 운동하고, 몸통과 관련된 관절(머리와 무게중심)은 절대 과굴곡이나 과신전 하지 않아야 한다. 스트레치(strech) 하지 마라; 그것은 관절을 느슨하게 하며, 투구 그 자체는 관절을 느슨하게 하는 과정이다-이중의 위험!
- **보디워크**(bodywork) 또는 폐쇄사슬 운동(closed-chain work): 소·중·대 근육군 간의 좋은 균형을 위한 운동
- **결합조직과 근육의 지구력 운동**(connective tissue and muscle endurance work): 탄성 밴드와 가벼운 덤벨을 이용한 상체운동과 탄성 밴드를 이용한 전신운동

체력 운동 STAMINA WORK

체력운동은 유산소성과 무산소성 운동 모두를 포함한다. 우리는 플라이오메트릭 운동과 인터벌 운동을 프로그램에 사용한다. 인터벌 운동은 야구장에서 쉽게 수행할 수 있는 무산소성 운동이다. 야구장은 다음과 같은 거리로 완벽하게 분할할 수 있다: 파울선에서 센터필드(centerfield)=100m, 파울 기둥(pole)에서 파울 기둥까지=201m, 야구장 한 바퀴=402m. 우리의 단순한 인터벌 프로그램은 다음과 같이 분류된다:

- 100m 전력질주, 110yd 걷기
- 201m 전력질주, 110yd 걷기
- 302m 전력질주, 110yd 걷기
- 402m 전력질주, 110yd 걷기
- 302m 전력질주, 110yd 걷기

- 201m 전력질주, 100m 걷기
- 110m 전력질주, 110m 걷기

간단히 말해서, 플라이오메트릭 운동은 심부체온(core body temperature)을 증가시키기 위해 유연성 운동 전에 준비운동으로 사용될 수 있다(독일인들은 그것을 유산소성 플러쉬(flush)라고 부른다; 독일 마라토너는 마라톤 시합 전에 1.6km 또는 3.2km마일을 실제로 가볍게 달린다). 플라이오메트릭 운동은 저강도, 장거리의 유산소성 운동, 고강도 무산소성 운동, 그리고 짧은 거리(예, 90피트)의 빠른 스텝 운동으로 할 수 있다. 우리는 다음과 같은 4가지 기본 운동을 수행하였다:

- 앞으로 달리기(조깅)
- 뒤로 달리기(조깅)
- 플렉스-T 카리오카(flex-T kariokas)
- 무릎 높이 들며 가볍게 뛰기(high knee skips)

뒤로 달리기는 자세에 필요한 복부와 허리의 지구력에 도움이 된다. 플렉스-T 카리오카는 어깨와 팔의 지구력에 도움이 된다.

유연성 운동 FLEXIBILITY WORK

우리는 다리, 몸통, 그리고 팔의 순서로 유연성 운동을 한다. 3가지 다른 자세에서 다리와 팔 운동을 하는 것을 기억해야 한다-중립, 회외, 그리고 중립 자세. 회외된 자세에서, 발은 비둘기처럼 안으로 향할 것이다. 회내된 자세에서, 발은 오리처럼 밖으로 향할 것이다. 스트레치(strech)할 때, 가능하다면 언제나 발에서부터 손가락 끝까지 스트레치(strech) 하는 것은 중요하다. 지도자들도 이러한 순서를 사용할 것이다. 왜냐하면, 움직임에서 투구 균형을 위한 첫 번째 감각신호는 공과 발의 아치로부터 오기 때문이다. 뇌는 이러한 입력 신호를 처리하고, 그 신호에 따라 머리와 배꼽의 일직선 정렬을 시도한다.

좁은 간격 선 자세에서 다리 굴곡 Narrow-Stance Leg Flex

그림 6.4와 같이, 두 발의 볼(balls)로 균형을 잡고, 발 간격을 좁게 하고, 선 자세를 취한다. 무릎은 약간 굽히고, 손은 무릎 위에 두고 운동을 시작한다. 운동을 마칠 때 손은 엉덩이 위에 둔다. 머리는 무게중심보다 약간 전 · 상방에 유지한다. 다음과 같은 순서로 관절을 굴곡 한다.

- 일직선으로(일직선 좌 · 우) 3~5번 움직인다.
- 원을 그리며 관절을 3~5번 회전한다(좌 · 우 모두).
- 각지게 또는 8자 모양의 움직임으로 3~5번 회전한다.

다음의 순서로 처음부터 차례로 끝까지 운동한다.

1. 발목 관절(ankle joints)
2. 무릎 관절(knee joints, 이 순서는 단지 하지 관절에서의 순서이며, 약간 굴곡된 자세에서 90°까지 다양한 각도에서 운동해야 한다. 그러나 90° 이상은 절대 굴곡하지 않아야 한다.)
3. 엉덩이(hips)
4. 어깨(shoulders)
5. 팔꿈치(elbows)

그림 6.4 좁은 간격으로 선 준비자세.

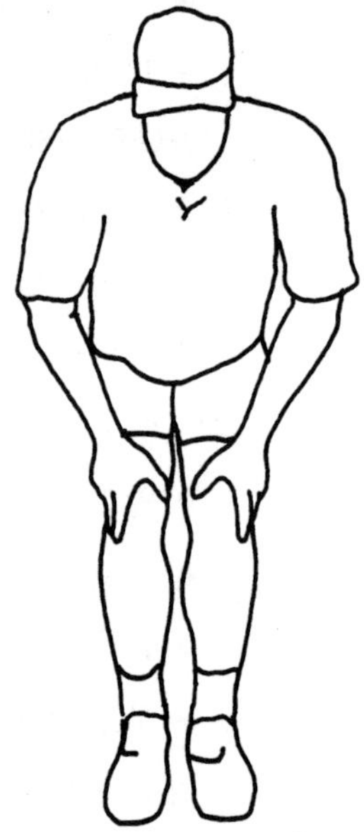

그림 6.4 좁은 간격으로 선 준비자세.

중간 간격 선 자세에서 다리 굴곡 Medium Stance Leg Flex

자세 A: 그림 6.5와 같이, 두 발을 약 30cm 정도 벌리고 선다. 무릎을 굽히고 두 발의 볼(balls)로 균형을 유지한다. 손은 무릎 위에 두고, 머리는 무게중심보다 약간 전 · 상방에 유지한다. 무릎의 측면에서 손으로 무릎을 밀어준다.

- 무릎을 일직선 좌 · 우로 3~5번 움직인다.
- 두 무릎을 같은 방향으로 원을 그리며 3~5번 회전한다.
- 무릎으로 8자 모양을 그리며 3~5번 회전한다.

그림 6.5 중간 간격으로 선 준비자세

자세 B: 그림 6.6과 같이 손으로 발끝 닿기(reverse toe-touch) 자세를 취한다. 무릎을 굽히고 손을 바닥에 댄다. 바닥에 손을 짚고, 무릎을 굽혀서 마무리 자세(finish position)을 취한다. 그 다음 바닥에서 손이 떨어지지 않는 범위에서 최대한 무릎을 신전한다. 순서는 다음과 같다:

- 발끝은 전방을 향하게(중립 자세) 하고, 손은 바닥을 짚고, 발끝 닿기 운동을 3~5번 실시한다.
- 그 다음, 발끝이 안쪽을 향하게(회외 자세) 하고, 손은 바닥을 짚고, 발끝 닿기 운동을 3~5번 실시한다.
- 그 다음, 발끝이 바깥쪽을 향하게(회내 자세) 하고, 손은 바닥을 짚고, 발끝 닿기 운동을 3~5번 실시한다.

그림 6.6 중간 간격으로 선 준비자세

자세 C: 이 운동은 플레스-T 자세에서의 스쿼트(squat) 운동이다. 그림 6.7과 같이, 3가지 자세에서 스쿼트 할 때 균형을 유지하는 것을 돕기 위해 양손은 어깨 전방에서 가볍게 깍지를 낀다. 두 발은 지면에 밀착시키고, 머리는 배꼽의 전 · 상방으로 유지할 수 있는 범위까지 스쿼트를 한다. 3가지 자세로 각각 3~5번 스쿼트 운동을 한다-발이 중립, 회외(발가락이 안쪽을 향한 자세), 그리고 회내(발가락이 바깥쪽을 향한 자세).

그림 6.7 플렉스-T에서 팔꿈치 위치와 스쿼트 준비자세

넓은 간격 선 자세에서 다리 굴곡 Wide-Stance Leg Flexes

그림 6.8 a, b, c는 일본인들이 파워 피라미드(power pyramid)라고 부르는 넓은 간격 선 자세의 변형을 보여준다. 무릎은 구부리고, 손은 바닥을 짚는다.

- 첫 번째 자세에서(그림 6.8a), 무릎을 곧게 폄으로써 "뒤로 팔굽혀펴기(back push-up)"를 3~5번 하고, 다시 무릎을 구부린다. 같은 자세에서, 한 주기에 좌 · 우로 3~5번 움직인다.
- 그 다음, 발가락은 중립 위치(그림 6.8b)를 유지하며 좌 · 우로 몸을 기울여서 햄스트링을 3~5번 스트레치(strech) 한다.
- 그 다음, 운동을 변형하여 오른발을 밖으로 향하게 하고 우측으로 몸을 기울여서 햄스트링을 스트레치(strech) 한다. 그런 다음 왼발을 밖으로 향하게 하고 왼쪽으로 몸을 기울인다(그림 6.8c).

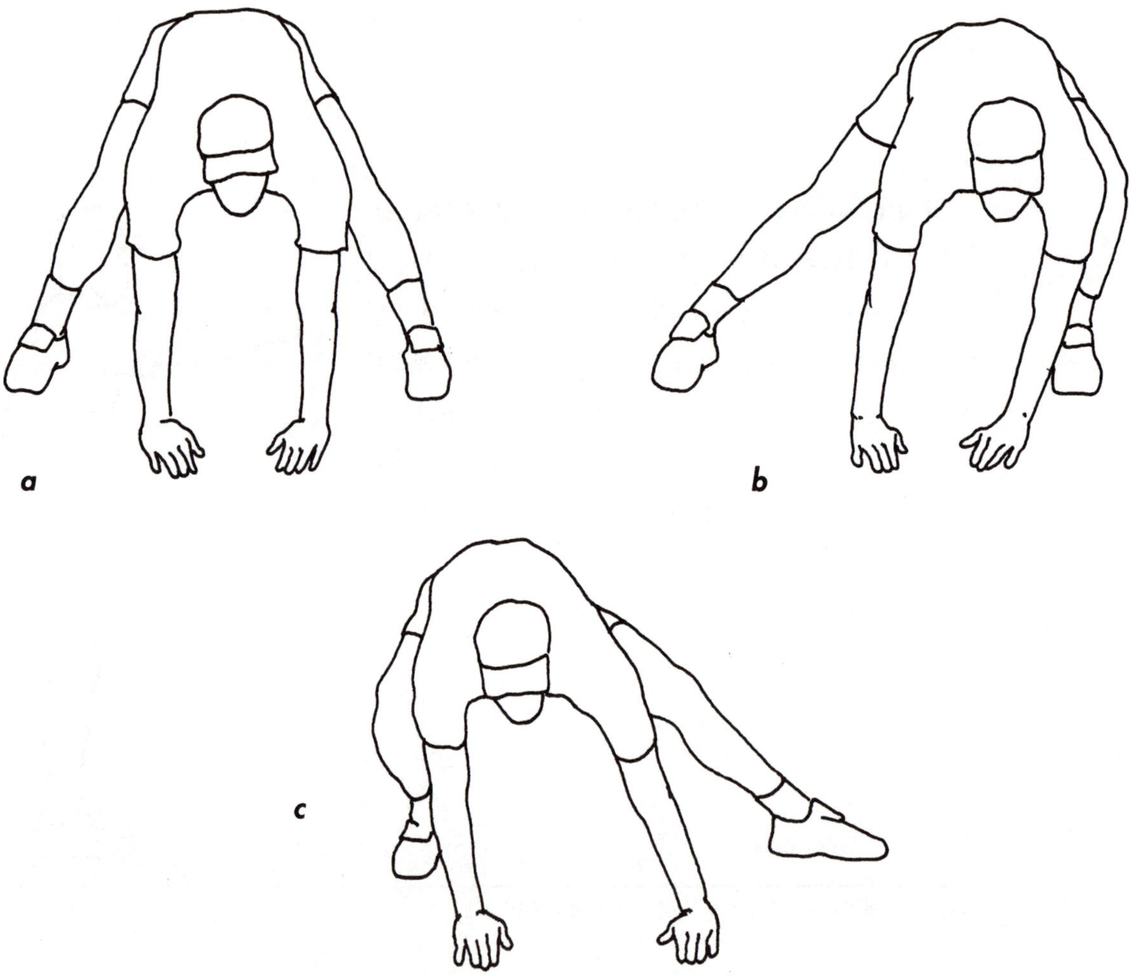

그림 6.8, a~c

몸통 굴곡 Torso Flexes

다양한 몸통 스트레치(strech)를 위해, 발 간격은 좁게 서고, 양손은 허리에 올린다. 몸통을 스트레치(strech) 하기 위한 과정은 다음과 같다:

- 엉덩이를 좌 · 우로 움직이며 원 그리기(훌라후프 하는 것처럼)를 3~5번 수행한다.
- 엉덩이를 좌 · 우로 3~5번 기울인다.
- 견갑골을 상방, 전방, 그리고 후방으로 움직여서 견갑골 움츠리기(scapular shrugs)를 수행한다(그림 6.9 참조).

그림 6.9

팔 굴곡 Arm Flexes

팔 스트레치(Arm strech)를 위해, 팔을 "톱질하기(saws)"와 같이 움직인다. 이 움식임은 팔꿈치를 90°굴곡하고 톱질하는 움직임과 유사하다. 운동 시 두 팔을 동시에 움직인다. 그림 6.11, a-d는 톱질하기 운동의 다양한 변형을 보여준다.

자세 A: 우선, 팔은 옆에서 손바닥을 펴고, 엄지손가락은 위로 한 상태에서 앞 · 뒤로 톱질하기 운동을 수행한다(그림 6.10a).

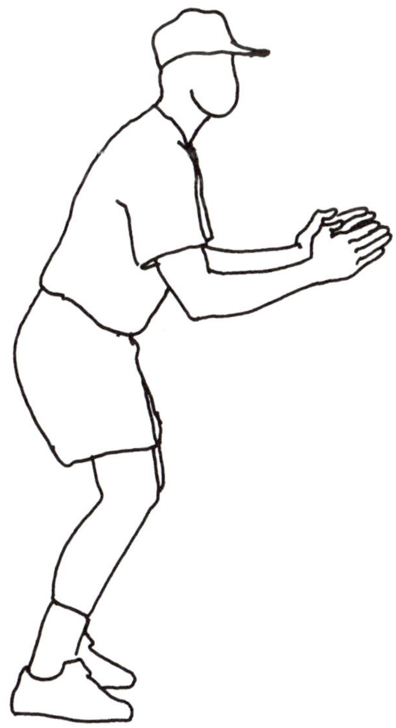

그림 6.10 a.

자세 B: 그 다음, 복부의 앞쪽에서 좌 · 우로 톱질하기 운동을 한다(그림 6.10b 참조). 손바닥은 펴고, 엄지손가락은 위로 향하게 한 상태에서 이 운동을 한다.

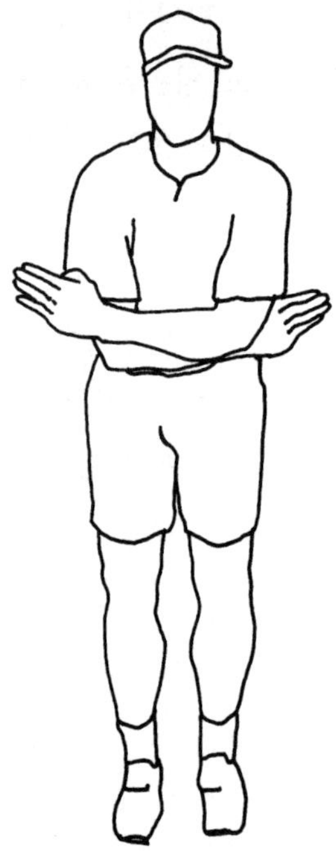

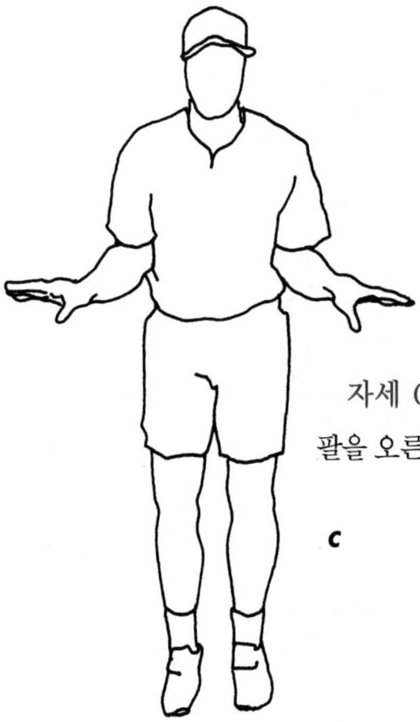

자세 C: 팔꿈치는 흉곽(rib cage) 위에 밀착하고, 오른팔은 왼팔 위에서 교차시키고, 그 뒤에 왼팔을 오른팔 위로 교차시킨다. 손바닥은 위로 그리고 아래로 향하게 하고 운동을 한다.

c

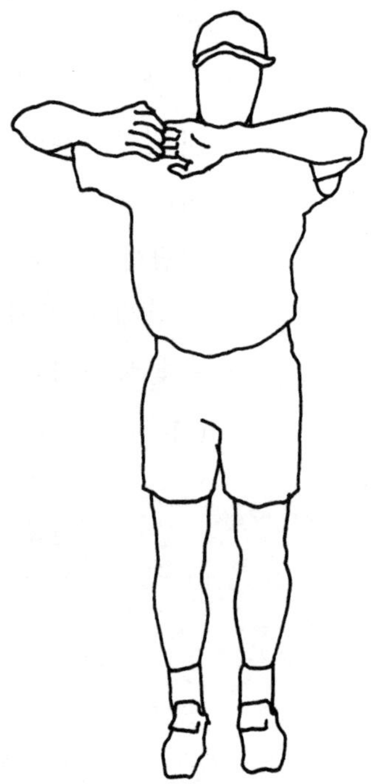

d

자세 D: 마지막으로, 엄지손가락은 아래로 향하게 하고, 눈 앞쪽에 투구하는 팔을 오게 하여 운동을 변형한다. 플렉스-T 자세에서 야구 글러브를 끼는 손의 손가락을 깍지 끼고, 견딜 수 있는 만큼 당긴다(그림 6.10d 참조). 어깨로 앞과 뒤로 원을 그리고 수영하듯 3~5번 움직인다. 이러한 동작을 힘이 들 때까지 손으로 당기며 반복한다.

그림 6.10 b~d.

체력단련 운동 BODYWORK EXERCISES

이 운동은 소 · 중 · 대근육군 간의 좋은 균형을 위해 설계되었다. 폐쇄사슬운동(closed-chain exercises)이며 상체와 하체 모두가 포함된 운동이 있다.

플렉스-T 팔굽혀펴기 Flex-T Push Ups

손이 중립(손이 정면을 향한 자세), 외회전(손이 안쪽을 향한 자세), 그리고 내회전(손이 바깥쪽을 향한 자세)된 자세에서 플렉스-T 팔굽혀펴기를 수행한다. 이 운동은 표준 자세 또는 무릎을 굽혀서 바닥에 대는 변형된 자세에서 수행할 수 있다.

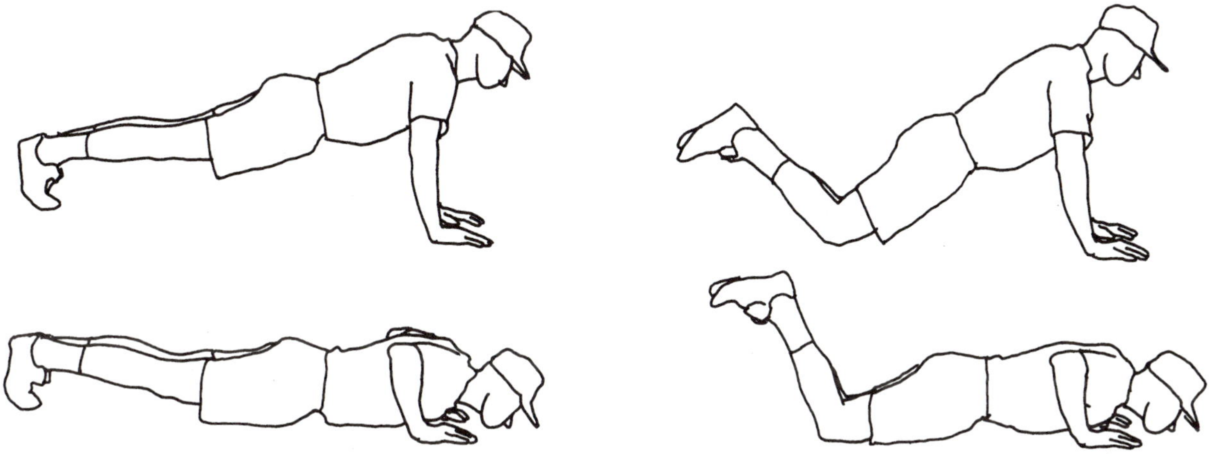

엉덩이 들기 Butt-Ups

손이 중립, 외회전, 그리고 내회전된 자세에서 엉덩이 들기 운동을 수행한다. 엉덩이가 바닥에서 들릴 때까지 두 팔을 신전하고, 견갑골을 모은 다음 다시 바닥으로 되돌아온다.

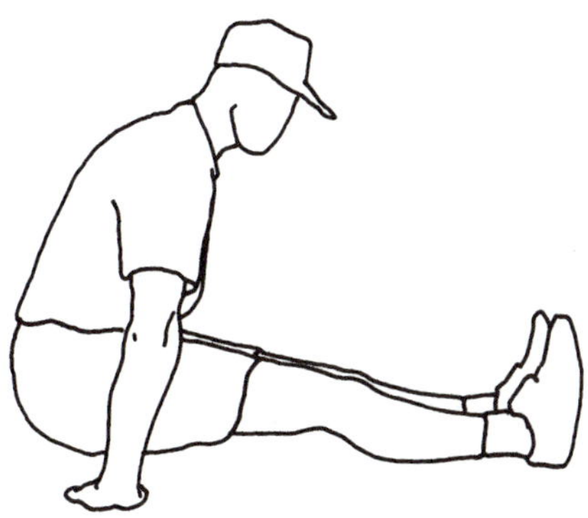

측면 들기 Side-Ups

바닥에 옆으로 누워서 측면 들기 운동을 수행한다. 발목, 무릎, 엉덩이는 모으고, 플렉스-T의 중간 자세처럼 전완부로 몸통을 안정화한다. 한 손은 가슴 앞쪽 바닥을 짚고, 등이 뒤를 향하도록 몸을 앞으로 기울여서 옆으로 누운 다음, 한 손으로 최대한 위로 밀어올린다.

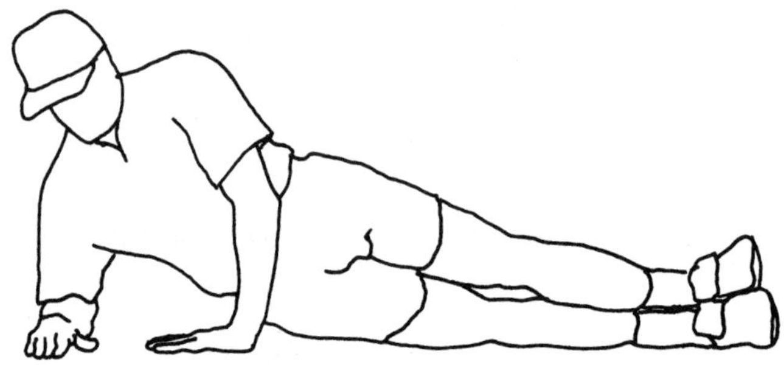

팔꿈치로 들기 Elbow-Ups

천장을 보고 누워서 대퇴부 위에 두 손을 올리고, 팔꿈치로 들기 운동을 수행한다. 어깨와 머리를 바닥에서 가능한 한 높게 들어 올리기 위해 팔꿈치와 상완삼두근을 이용한다. 5초간 자세를 유지한 다음, 견갑골을 5번 모은다. 원래 자세로 되돌아오고, 두 손을 배꼽으로 움직인다. 다음과 같은 변형된 동작으로 운동을 반복한다.

- 배꼽 위에 두 손을 둔다.
- 가슴에서 손을 교차한다.
- 머리 뒤에 두 손을 둔다.

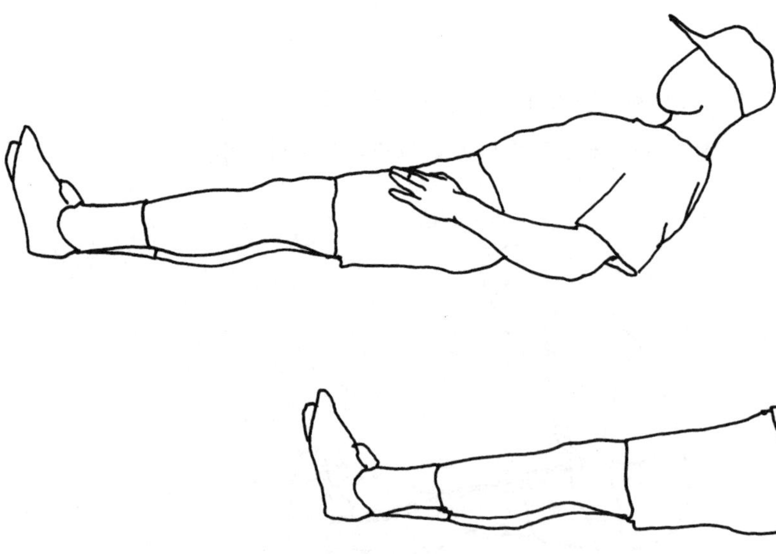

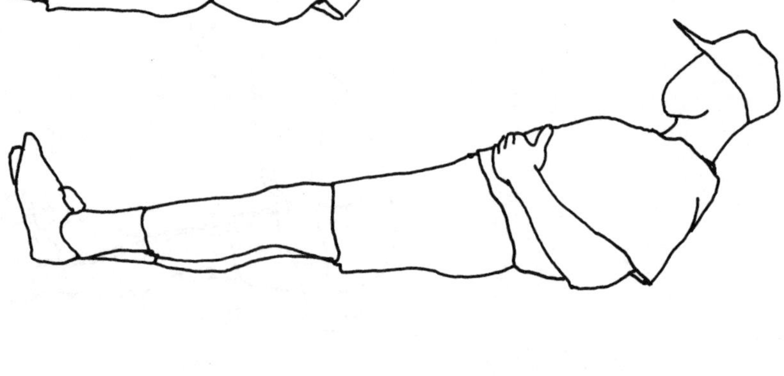

코브라 동작 Cobras

배꼽과 다리는 바닥에 밀착시킨 자세를 유지하고, 가슴은 가능한 한 높게 위로 들어 올린다. 자신이 무언가를 공격하려는 코브라라고 생각한다. 바닥을 강하게 누르고 5초간 자세를 유지한 다음, 원래의 자세로 되돌아오기 전에 견갑골을 5번 모은다. 이 운동은 다음과 같은 3가지 변형된 자세로 수행된다:

- 플렉스-T 자세로 두 손을 둔다(a 참조).
- b에서처럼 Y자 자세(회내)로 두 손을 둔다(b 참조).
- c에서처럼 턱 아래, 앞쪽에 손을 교차(내회전)해서 둔다.

a

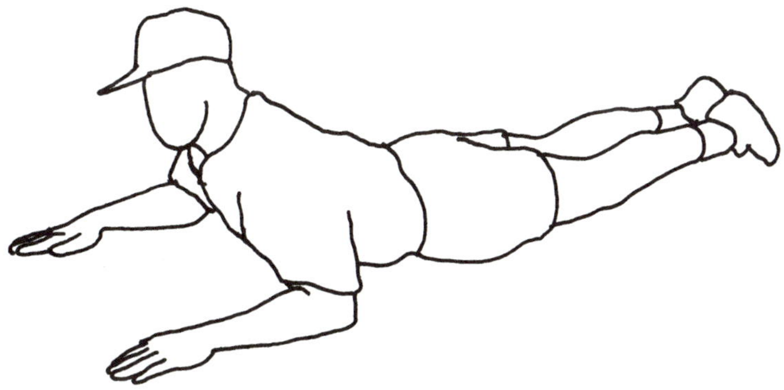

b

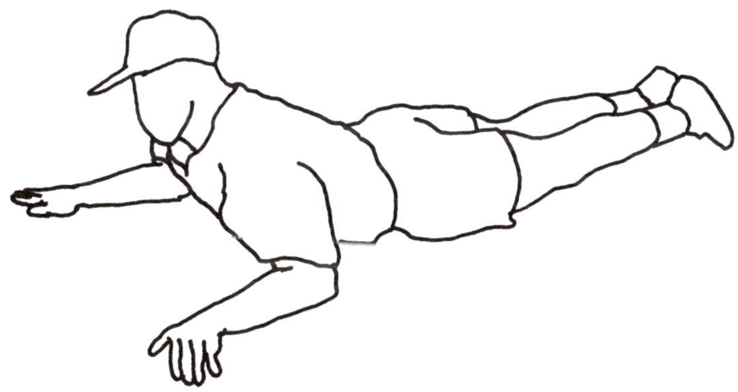

c

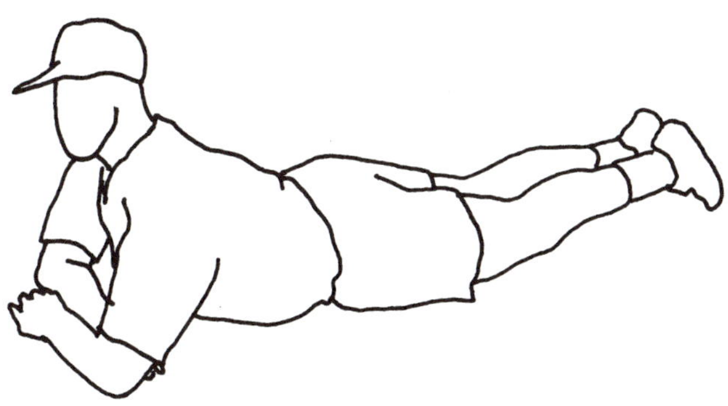

전방 런지 Forward Lunges

무릎은 배꼽을 향해 들어 올린 다음, 발 볼의 바깥으로 무게중심이 쏠리도록 움직임 동안 "흡수, 발휘, 전달 에너지"를 생각해야 한다. 전방 런지를 한 후에, 뒤로 향하는 오른발과 왼발을 번갈아가며 3~5회의 후방 런지를 수행한다. 운동의 효과를 극대화하기 위해 내딛은 발을 뒤로 움직이기 전에 복부를 수축시키고 앞으로 많이 기울인다.

측면 런지 Side Lunges

오른쪽으로 3~5번 큰 걸음(stride)을 연속해서 수행하고, 왼쪽으로 3~5번 큰 걸음을 연속해서 수행한다. 측면 내딛기를 할 때, 무릎은 에너지 흡수를 위해 배꼽 방향으로 곧게 들어 올리고, 오른쪽으로 큰 걸음을 내딛는다. 발이 지면에 닿을 때, 미끄러지듯 움직여서 몸통과 체중을 움직임 방향과 일직선으로 유지한다. 몸통과 체중이 오른발로 옮겨질 때, 움직임 및 스쿼트 방향으로 몸통을 회전한다. 이와 같은 몸통의 회전은 가능한 한 천천히 해야 한다(유동체의 움직임을 유지하는 동안). 기억해야 할 핵심은 "큰 걸음 내딛기(stride), 미끄러지듯 움직이기(glide), 후반부의 회전"이다.

계단 오르기 Step-Ups

낮은 계단에서 계단 오르기 운동을 연속해서 수행한다. 올바른 자세를 유지할 수 없을 때까지 다양한 높이의 계단에서 최대로 실시한다. 발을 중립, 회내, 그리고 회외 자세로 3~5회 동안 전방으로 계단 오르기를 한다. 계단을 등지고 뒤로 계단 오르기를 반복한다.

측면 계단 내려오기 Side Step-Downs

낮은 계단에서 측면으로 계단 내려오기를 수행한다. 무릎은 배꼽 쪽으로 들어 올리고, 계단을 내려와 발의 볼 부분으로 바닥을 딛고, 자세의 변화 없이 원래의 자세로 되돌아온다. 최대한 반복한 다음, 반대쪽도 실시한다.

몸통 안정화를 위한 윗몸일으키기 운동

다음의 몸통 안정화와 윗몸일으키기 프로그램은 복부에 있는 모든 근육군을 단련시키기 위해 설계되었다. 허리는 항상 지지되어야 하며, 몸통은 안정화되어야 한다. 만일 적절한 방법으로 운동한다면, 디스크와 신경에 문제는 일어나지 않는다.

다리 구부려 벽에 대고 윗몸일으키기 Bent-Leg Wall Sit-Ups

벽 가까이 바닥에 누워서 발은 벽에 밀착시키고, 무릎은 90°로 구부린다. 손은 머리 뒤에 두고, 팔꿈치가 무릎에 닿을 때까지 상체를 들어 올린다. 오른쪽 팔꿈치가 왼쪽 무릎에, 왼쪽 팔꿈치가 오른쪽 무릎에 닿도록 교대로 운동하고, 발은 운동 중에 움직이지 않고 벽에서 동일한 높이를 유지한다.

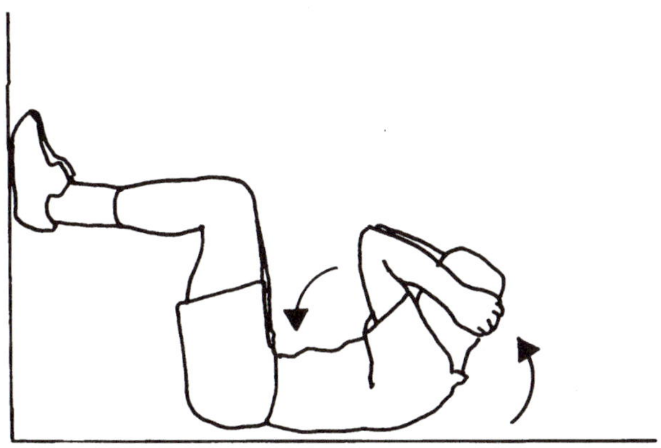

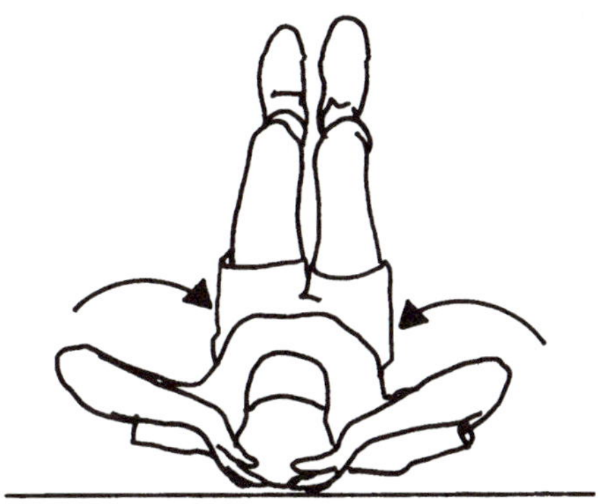

다리 펴서 벽에 대고 윗몸일으키기 Straight-Leg Wall Sit-Ups

벽 가까이 바닥에 누워서 다리와 엉덩이가 벽의 표면에 닿게 한다. 두 손은 모으고, 머리 위로 완전히 신전해서 뻗는다. 상체를 바닥에서 최대로 높이 들어 올려서 손이 다리에 닿게 하고, 하체는 움직이지 않고 벽에서 동일한 높이를 유지한다.

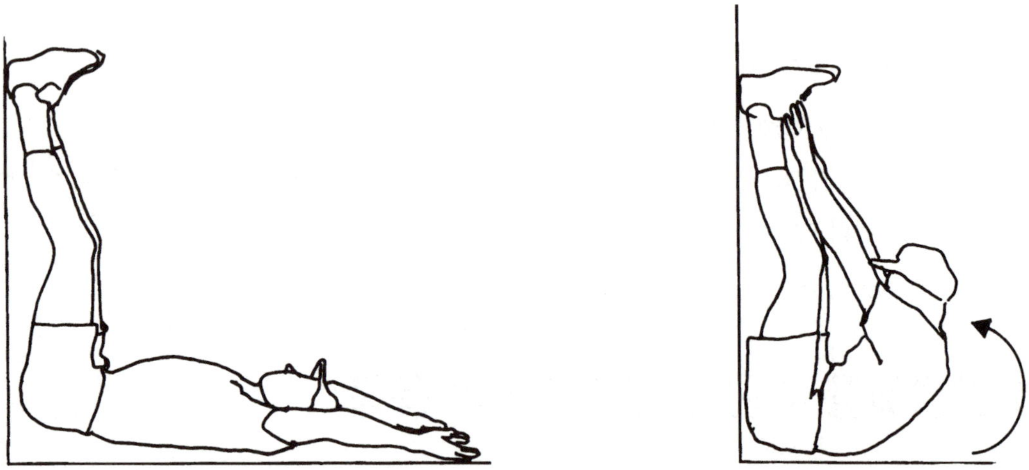

벽 크런치 Wall Crunches

벽 가까이 바닥에 누워서 엉덩이를 벽에 붙인다. 발은 모으고 요가(yoga) 같은 자세로 발바닥을 동일한 높이로 밀착시킨다. 양손은 귀를 잡고, 앞으로 크런치를 하여, 발가락 방향으로 코를 들어 올린다. 피로해질 때까지 실시한다. 그런 다음 피로해질 때까지 오른쪽 팔꿈치가 왼무릎을 향하도록 크런치를 한다. 휴식을 취한 후, 피로해질 때까지 왼쪽 팔꿈치가 오른쪽 무릎을 향하도록 크런치를 한다.

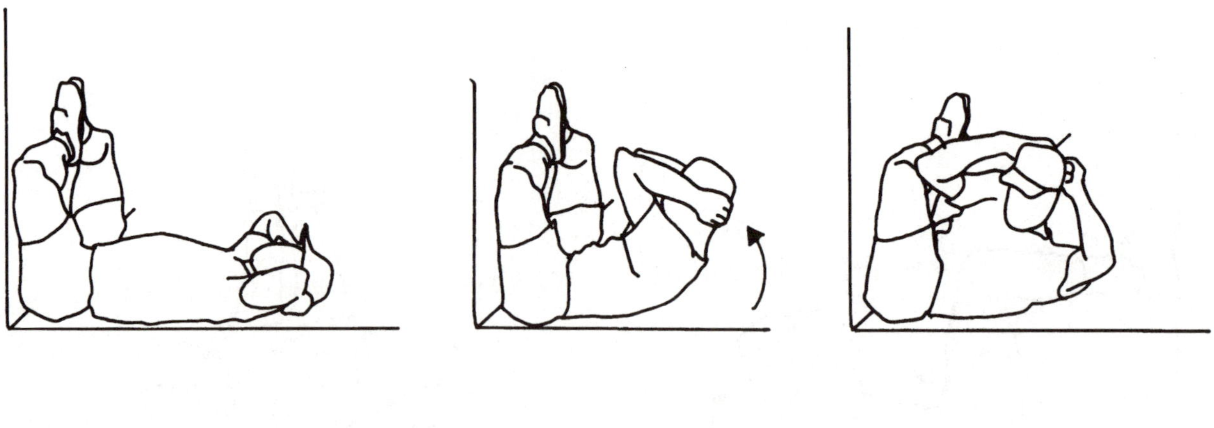

벽에 발을 밀착시키고 크런치 Feet Flat on Wall Crunches

두 발을 약 15cm 정도 벌려서 벽에 밀착시킨다. 엉덩이는 가능한 한 벽 가까이 두고, 무릎은 약 15cm를 벌린 자세를 유지한다. 양 손은 머리 뒤에 두고, 어깨는 바닥에서 최대한 높이 들어 올리고, 그 자세를 유지한다. 자세를 유지하는 동안, 복근과 허리로 바닥을 밀며, 어깨를 들어 올리는 속도를 변화시켜서 동작 간에 이완의 "박자(beats)"를 변경한다. 이 운동을 최대한 반복한다.

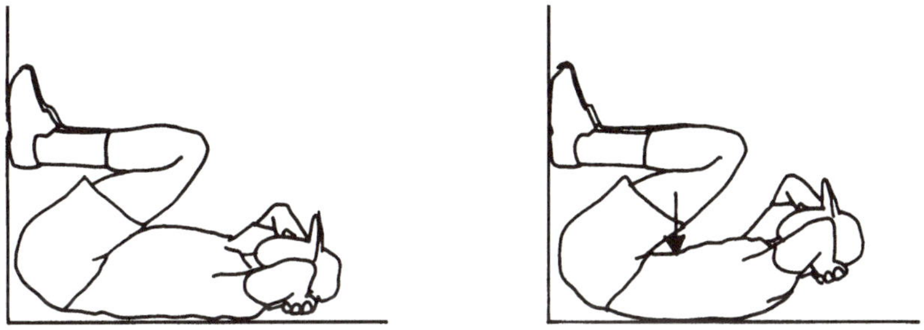

바닥에서 윗몸일으키기 Floor Sit-Ups

양손은 머리 뒤에 깍지 끼고 누워서 무릎을 구부린다(허리와 발바닥이 지면에 밀착되는 것을 허용하는 각도로). 상체는 바닥에서 가능한 한 높이 들어 올리고, 두 손은 머리 뒤에 유지한다. 무릎이 팔꿈치에 닿을 때까지 하체를 들어 올린다. 원래의 위치까지 상체를 바닥으로 내린 다음 하체를 아래로 내린다.

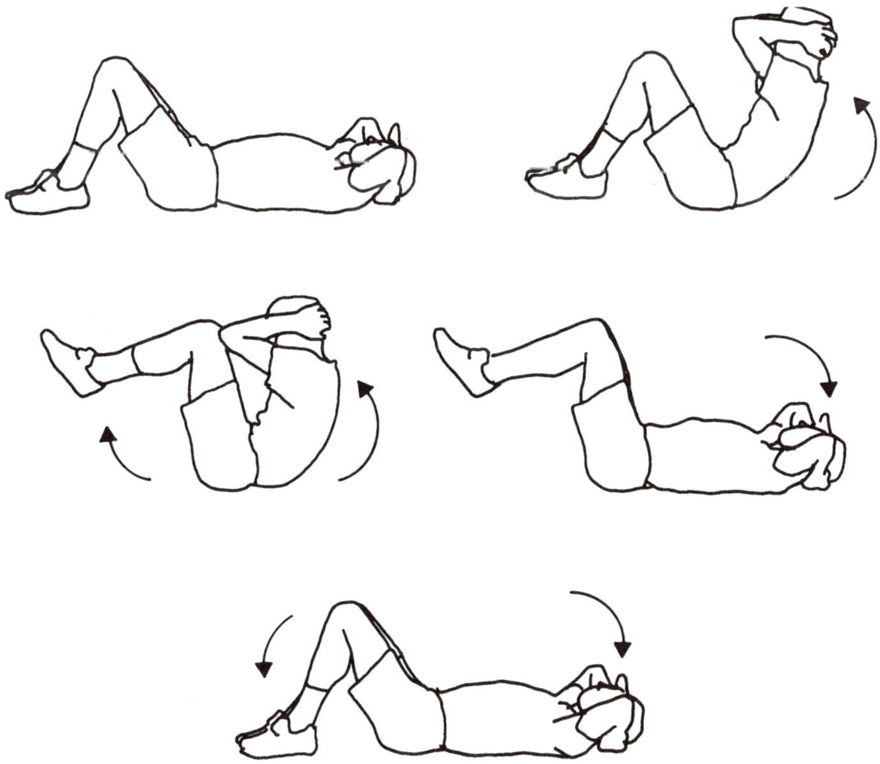

변형 바닥에서 윗몸일으키기 Floor Sit-Up Variations

바닥에서 윗몸일으키기와 동일한 자세를 취한다. 팔꿈치와 무릎이 닿는 지점까지 상체와 하체를 동시에 들어 올린 다음 원래의 자세로 되돌아온다.

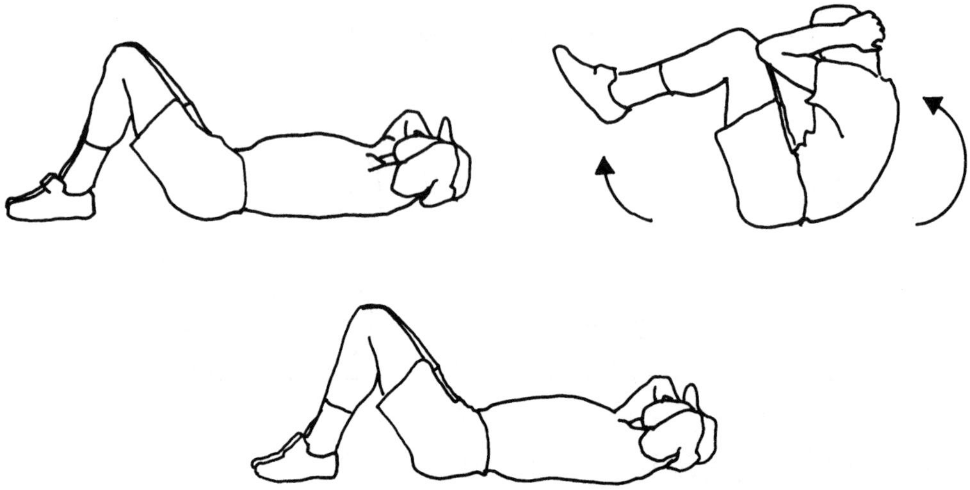

바닥에서 윗몸일으키기와 동일한 자세를 취한다. 상체는 가능한 한 높이 들어 올리고, 팔꿈치가 무릎에 닿는 지점까지 하체를 들어 올린다. 무릎과 팔은 신전하고, 양손으로 발목을 잡는다. 상체를 원래의 자세로 되돌아오고, 그 다음 하체를 원위치 시킨다.

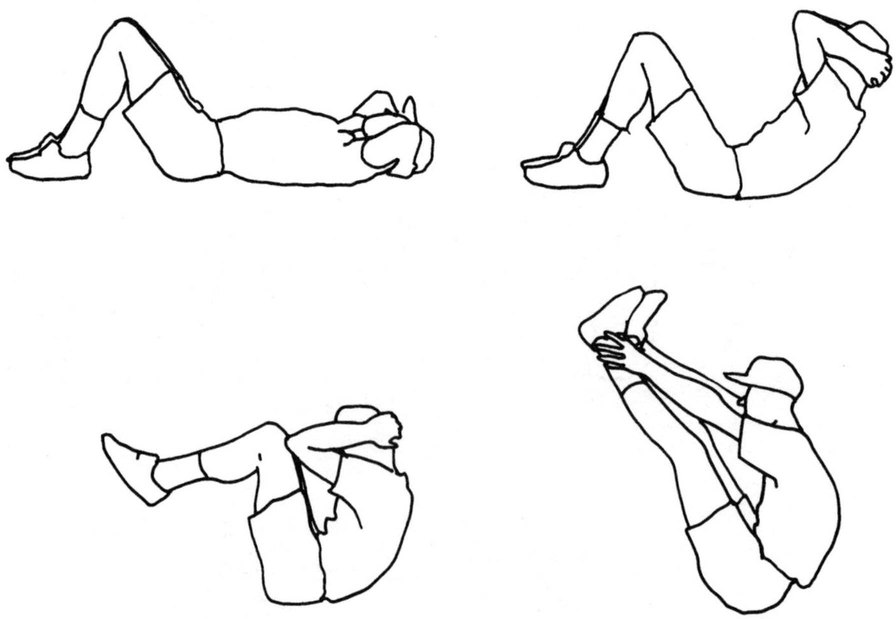

바닥에서 윗몸일으키기와 동일한 자세를 취한다. 무릎이 90°가 될 때까지 하체를 들어 올린다. 팔꿈치가 무릎에 닿을 때까지 상체를 들어 올린다. 힘들어질 때까지 팔꿈치로 반대쪽 무릎을 닿으며 자전거 타듯이 다리를 움직인 후 원래의 자세로 되돌아온다.

바닥에 누워서 두 발은 모으고, 팔과 다리는 쭉 펴고, 발가락은 천장을 향하게 한다. 손바닥은 위로 향하게 하고, 두 손은 머리 위로 가능한 한 멀리 뻗는다. 복부는 30초 동안 긴장시키고, 허리는 바닥에 밀착된 자세를 유지한다. 세트 간에 10초간 휴식하고 힘들 때까지 반복한다.

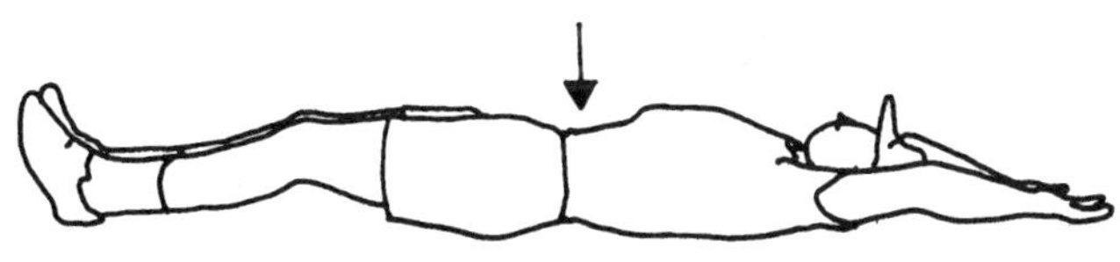

바닥에 팔과 다리를 완전히 펴고 엎드려 눕는다. 첫 세트에 10회는 다리를 먼저 들어 올리고, 그 다음 슈퍼맨 자세(superman position)로 팔을 들어 올린다. 두 번째 세트에서는 팔을 먼저 들어 올리고, 그 다음 다리를 들어 올린다. 세 번째 세트에서는 팔과 다리를 동시에 들어 올린다. 네 번째 세트에서는 오른팔과 왼다리를 들어 올린다. 다섯 번째 세트에서는 왼팔과 오른쪽 다리를 들어 올린다. 여섯 번째 세트에서는 오른팔과 오른쪽 다리를 들어 올린 다음, 왼팔과 왼다리를 들어 올린다. 남아있는 세트 동안, 복부는 바닥을 밀어내듯이 밀착시키고 30초 동안 자세를 유지한다. 세트 간에 10초간 휴식하고 힘들 때까지 반복한다.

결합조직과 근육의 지구력 운동

나는 프로 야구 선수로 30년 이상을 생활하는 동안, 투구 때문에 주요 근육(대근육 또는 대근육군)을 다친 적이 없고, 투구에 의해서 대근육을 다친 투수를 본적도 없다. 투수의 손상은 언제나 결합조직과 작은 근육에서 일어난다. 부상예방을 위해서는 가능하다면 언제나 결합조직과 소근육군을 먼저 트레이닝 한 후에 주요 근육을 트레이닝 해야 한다. 근력보다는 근력 균형이, 절대 근력(absolute strength) 보다는 기능적 근력이 우선적으로 고려되어야 한다.

전통적인 근력평가는 평가기준(norm)으로부터 출발한다. 전통적으로, 저항 트레이닝은 절대 근력에 초점을 두고 주요 근육을 우선 시 해왔다. 이러한 트레이닝은 야구를 위한 운동방법이 아니다. 야구를 위한 운동은 결합조직과 근지구력 운동을 포함하는 프로그램으로 운동하는 것이다. 우리는 가벼운 덤벨과 탄성 밴드를 이용하여 결합조직과 근지구력을 위한 운동을 한다.

가벼운 덤벨 Light Dumbbells

가벼운 덤벨 운동은 3~10(1.36~4.50kg)파운드 무게로 3~5회 반복(reps)을 3가지 각도 또는 '강도 있게' 3~5회 반복을 3번 순환하는 운동을 12세트로 수행하는 것이다. 나는 이러한 운동을 트레이닝 휠(wheel)이라고 불렀다. '강도 있게'는 세트 간에 약간의 휴식을 허용하거나 또는 휴식 없이 바로 다음 세트의 운동을 하는 배킹 업 세트(backing up sets)를 의미한다.

가벼운 덤벨은 역피라미드 효과(reverse pyramiding effect)의 특성에 의해 대근육군으로 혈액이 동원되기 전에 결합조직과 소근육군에 혈액의 흐름을 증가시키다. 몸통과 사지의 순서와 위치는 항상 투구의 역학을 고려하여 교차-특이적(cross-specific)으로 해야 한다.

운동 1 Exercise 1

어깨 위에서 덤벨 운동을 시작한다. 팔을 번갈아서 완전히 신전한다.

변형동작: 팔을 신전하는 동안 손바닥을 밖으로 또는 안으로 번갈아서 회전한다.

운동 2 Exercise 2

몸통 옆에서 덤벨 운동을 시작한다. 오른팔은 팔꿈치를 굽혀서 왼쪽 어깨로 가져오며, 올릴 때는 손바닥을 위로 향하게 하고, 내릴 때는 손바닥을 아래로 향하게 한다.

운동 3 Exercise 3

머리 뒤에서 덤벨 운동을 시작하고, 팔꿈치는 최대한 높게 유지한다. 팔은 번갈아서 완전히 신전한다.

변형동작: 팔꿈치는 머리에 최대한 가깝게 유지하며, 두 팔을 동시에 신전한다. 팔을 신전할 때, 팔꿈치는 머리의 일직선 위쪽이 아니라 머리의 약간 앞 또는 약간 뒤쪽에 있어야 한다.

운동 4 Exercise 4

팔은 몸통 옆에 편안하게 둔 상태에서 덤벨 운동을 시작한다. 45°로 몸을 가로질러서 어깨 높이까지 들어 올린다. 팔을 바꾸어 교대로 실시하며 손등을 하늘 방향으로 유지한다. 덤벨을 들어 올리는 동안 어깨를 벽에 기댄 것처럼 유지한다.

변형동작: 덤벨을 들어 올릴 때 엄지손가락을 아래로, 위로 회전한다.

운동 5 Exercise 5

팔은 몸통 옆에 편안하게 둔 상태에서 덤벨 운동을 시작하고, 팔을 펴서 머리 위로 곧게 뻗어 올린다. 덤벨을 들어 올릴 때, 어깨와 허리를 긴장시킨다.

변형동작: 앞으로 들어 올릴 때와 시작 위치로 되돌아 올 때, 엄지손가락을 위로 회전한다.

운동 6 Exercise 6

팔은 몸통 옆에 편안하게 둔 상태에서 덤벨 운동을 시작하고, 팔을 완전히 신전하고 덤벨을 몸통 옆에서 T-자세까지 들어 올린다. 덤벨을 들어 올릴 때, 덤벨은 어깨의 약간 앞쪽에 위치하고, 엄지손가락은 아래쪽을 향한다.

운동 7 Exercise 7

덤벨이 서해부의 앞쪽에서 맞닿게 하고 운동을 시작한다. 덤벨은 몸통에서 출발해서 풍차와 같은 동작으로 들어 올리고, 머리의 앞쪽(머리의 위가 아님)에서 팔을 완전히 펴서 맞닿게 한 후 동시에 내리며 다시 되돌아온다. 머리의 약간 앞쪽으로 팔을 유지해야 한다는 것을 기억해야 한다.

운동 8 Exercise 8

허리는 구부리고, 덤벨은 한쪽 발 바로 앞쪽의 바닥에 놓는다. 덤벨을 반대쪽 어깨 높이까지 번갈아 들어 올린다.

변형동작: 들어 올릴 때, 허용되는 범위까지 엄지손가락을 앞 또는 위로 회전한다.

운동 9 Exercise 9

배꼽이 무릎 사이에 오게 하고, 허리는 구부려서 L자 모양의 자세를 취한다. 먼저 팔꿈치를 어깨 높이로 올린 후, 팔이 지면과 평행하게 될 때까지 신전한다. 두 팔의 신전을 유지하고 원래의 자세로 되돌아온다. 변형동작: 팔은 신전한 채 엄지손가락을 아래로 회전한 후, 다시 위로 회전한다.

운동 10 Exercise 10

팔은 몸통 옆에 편안하게 둔 상태에서, 손바닥이 뒤쪽을 향하게 하고 덤벨 운동을 시작한다. 팔꿈치와 전완부가 90°가 될 때까지 팔을(동시에 또는 한 번에 하나씩) 들어 올린 후, 덤벨을 어깨 높이까지 바깥쪽 위쪽으로 들어 올린다. 올린 순서의 역순으로 내리며 시작자세로 되돌아온다.

변형동작: 덤벨을 들어 올릴 때 히치하이크 동작(hitchhike movement)을 하듯이 엄지손가락이 위로 향하게 한다.

운동 11 Exercise 11

덤벨 운동은 손을 위로 올린 자세에서 시작한다. 팔꿈치는 지면과 평행하게 유지하고, 덤벨을 어깨 높이까지 앞으로 회전한 후 잠깐 멈추고, 다시 원래의 위치로 되돌아온다(가능한 한 최대 범위).

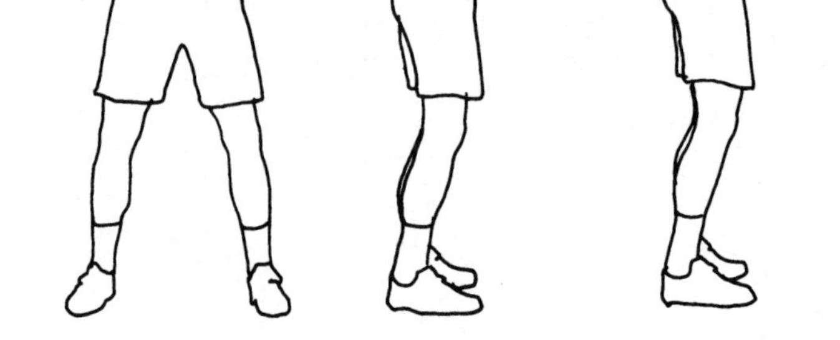

운동 12 Exercise 12

팔꿈치-어깨 높이에서 주측 팔(throwing-arm)로 덤벨 운동을 시작하여 히치하이크 자세로 덤벨을 올리고, 반대쪽 팔은 엄지손가락을 아래로 향하게 하고 몸을 가로질러 엉덩이 높이에 위치시킨다. 주측 팔을 엉덩이 높이로 내리고, 반대쪽 팔은 히치하이크 동작처럼 위로 올려서 몸통을 가로질러서 X-형태의 움직임을 만든다. 움직임 동안 엄지손가락을 위 · 아래로 회전한다.

탄성 밴드 운동 Elastic-Cord Work

탄성 밴드는 등척성뿐만 아니라 등장성 운동도 할 수 있기 때문에 덤벨 운동을 보완해 준다. 또한, 저항은 밴드를 얼마나 길게 신장시키느냐에 달렸으며, 운동 시 운동선수가 어떻게 느끼느냐(예, 내성)에 따라 저항을 증가시키거나 감소시킬 수 있다.

탄성 밴드는 교차-특이적 역학-트레이닝이며, 사전 재활운동(prerehabilitation)과 재활운동(rehabilitation) 모두를 위한 저항운동 도구이다. 또한, 탄성 밴드는 경기장 안과 밖 모두에서, 준비의 어떤 단계에서나 사용될 수 있으며, 기술을 위한 운동 또는 시합을 위한 운동에서도 사용될 수 있다(예, 저강도-저항운동, 준비운동(loosening up)을 위한 저강도 활동, 중강도 저항운동, 준비운동(warm-up)을 위한 중강도 활동, 또는 고강도 저항운동, 근력 트레이닝을 위한 고강고 활동). 통합된 프로토콜을 위한 운동의 핵심은 운동순서 그리고 투구 움직임과 유사한 특이적인 몸통과 사지의 자세에 있다(예, 내성을 위한 그리고 운동선수가 준비단계 또는 회복 단계에 있든 특이적 자세, 특이적 저항, 특이적 움직임).

탄성 밴드 운동은 최소의 위험으로 최대의 회복을 만들 수 있으며, 근력 트레이닝과 동시에 기술 트레이닝을 할 수 있다. 탄성 저항 운동은 시즌 중(in-season)과 오프-시즌(off-season) 모두에서 투수의 운동 연속체(continuum)의 중요한 일부분이다. 다음의 운동을 수행하기 위해서는 기둥이나 웨이트 기구에 탄성 밴드를 고정한다.

표 6.1은 운동에 사용하는 탄성 밴드(Xertube elastic band)의 각각의 색깔에 따른 회전력(pound)을 나타낸 것이다. 회전력(torque)는 탄성 저항을 이용한 운동을 할 때 실제 운동량의 좋은 지표가 된다.

표 6.1 탄성 저항을 이용한 회전력

녹색 밴드
2 × 원래 길이(24인치) = 11.5 ft-lb 회전력
3 × 원래 길이(36인치) = 18.0 ft-lb 회전력
4 × 원래 길이(48인치) = 23.0 ft-lb 회전력
5 × 원래 길이(60인치) = 52.0 ft-lb 회전력

빨간색 밴드
2 × 원래 길이(24인치) = 11.5 ft-lb 회전력
3 × 원래 길이(36인치) = 14.0 ft-lb 회전력
4 × 원래 길이(48인치) = 18.0 ft-lb 회전력
5 × 원래 길이(60인치) = 61.5 ft-lb 회전력

파란색 밴드
2 × 원래 길이(24인치) = 11.5 ft-lb 회전력
3 × 원래 길이(36인치) = 27.0 ft-lb 회전력
4 × 원래 길이(48인치) = 52.0 ft-lb 회전력
5 × 원래 길이(60인치) = 72.0 ft-lb 회전력

주석: From a Cybex Tensile strength study(1988). The Sports Performance Rehabilitation Institute(SPRI) researched, developed, and marketed Xertube. A one-foot piece of tubing attached to a fence strap was used for this study.

팔꿈치 높이 들어 수영하기 High Elbow Swims

1세트에 5~15회 반복을 고정된 곳을 마주하고 수행한 다음, 고정된 곳을 등지고 1세트를 수행한다. 변형동작: 엄지손가락을 위로하여 1세트를 한 후에, 엄지손가락을 아래로 하여 1세트를 수행한다.

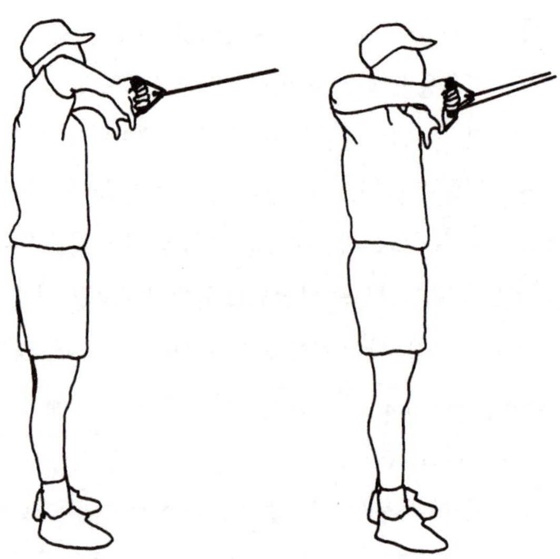

히치하이크 Hitchhikes

오른팔로 5~15회 반복의 1세트 운동을 수행한 다음, 왼팔로 1세트 운동을 수행한다. 변형동작: 1세트 동안 엄지손가락을 아래에서 위로 가는 움직임을 수행한다. 다음 세트에서는 엄지손가락을 위에서 아래로 가는 움직임으로 수행한다.

엄지손가락 위로, 엄지손가락 아래로 당기기 Thumb-Up, Thumbs-Down Pulls

양팔을 동시에 당긴다. 엄지손가락을 위로 향하고 5~15회를 반복한 다음, 엄지손가락을 아래로 향하고 5~15회 반복한다.

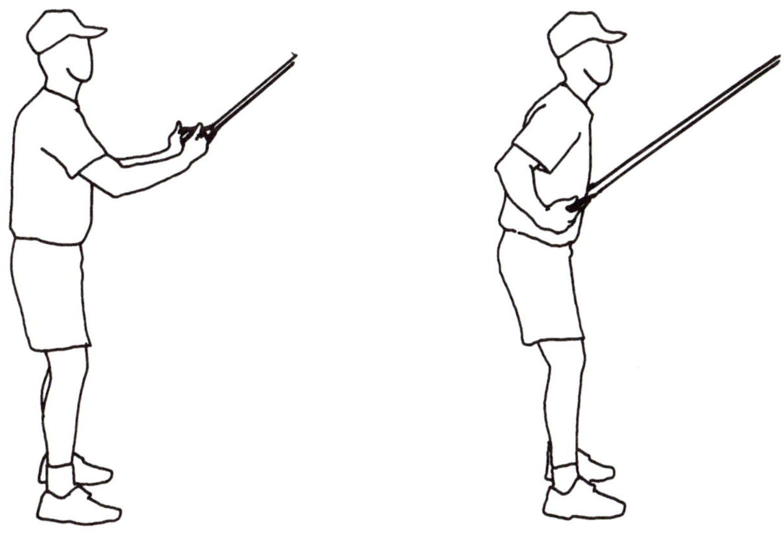

왜? Why me's

탄성 밴드의 고정부를 등지고 몸의 앞쪽으로 탄성 밴드를 당긴다. 엄지손가락은 아래쪽 방향에서 위쪽 방향으로 향하게 한다.

우리는 트레이닝 프로그램과 투수를 위한 도구들에 관한 이 장의 내용을 마칠 때, 기능의 중요성을 기억해야 한다. 야구가 만들어지기 전에 공자는 "뛰어난 사람은 정도에 있어 흔들림이 없으며, 단지 흔들림이 없는 것이 아니다."라고 말했다. 야구 투수를 위한 근력 트레이닝을 할 때, 트레이닝은 야구 투구를 위한 기능적인 근력, 기술-특이적이어야 한다. 그리고 이장의 서론(introduction) 부분에 언급한 것처럼, 트레이닝은 운동선수가 숙달될 수 있는 기계적인 효율이 무엇이건 간에 투구에 의한 부하와 조화를 이루기 위한 균형된 근력을 성취해야 한다. 우리는 운동선수가 야구 투구를 위해 중요한 대가를 지불하고 있다는 것을 안다.

트레이닝 하는 팔이 투구 때문에 발생하는 스트레스를 견딜 수 있는 예비력을 키우는 것이라는 것을 우리는 알고 있다. 투수가 투구 시 스트레스를 견딜 수 있는 능력을 높이거나 유지하는 것은 코치와 투수의 일반적인 목표가 되어야 할 것이다. 투수를 위한 저항 운동은 다른 스포츠 선수들을 위한 저항 운동과 달라야 한다는 것을 강조해야 한다. 성장호르몬, 스테로이드, DHEA, 그리고 크레아틴과 같은 강화 약물의 시대에, 투수를 위한 운동을 이해하길 부탁한다.

투수를 위한 웨이트 트레이닝은 보디빌딩이 아니다

야구선수들의 트레이닝 목표는 근육의 크기가 아니라 기능적이고 균형 있는 근력을 달성하는 것이다. 따라서 소근육군과 결합조직을 우선하여 운동해야 한다. 모든 대주기(macrocycles)에서 소근육군과 결합조직에 가장 주목해야 한다. 왜냐하면, 투수들은 대근육군을 거의 다치지 않는다. 투수에게는 항상 건염(tendinitis), 인대의 염증(ligamentitis), 대원근 좌상(strained teres major), 뭉친 극하근(pulled infraspinatus), 또는 회전근개 파열(torn rotator cuff)이 일어나지, 약해진 대흉근 또는 광배근에는 발생하지 않는다. 우리가 왜 소근육군과 결합조직에 주목해야 하는지 그 논리를 알겠는가?

그래서 전통적인 웨이트 트레이닝과는 다르게 역피라미드 원리를 이용하고 소근육에서 대근육 운동으로 진행한다. 이러한 운동방법은 근육의 크기를 키운다기보다는 오히려 근육의 밀도를 높이는 데 이점이 있다. 왜냐하면, 소근육들은 대근육보다 먼저 작용하며, 소근육은 대근육 보다 먼저 산소와 영양을 공급받는다. 소근육에서 대근육으로의 운동은 또한 결합조직과 뼈 보다 근육조직의 증가 문제를 경감시키는 데 도움이 된다. 균형된 근비대의 양 또는 근육, 건, 인대, 그리고 뼈의 균형은 보다 쉽게 성취된다.

고강도로 운동하는 날도 유연성, 보디워크(bodywork), 가벼운 덤벨, 그리고 탄성 밴드 운동을 해야 한다. 준비운동처럼 생각해야 한다. 고강도로 운동하는 날에 작은 덤벨을 이용한 운동을 '트레이닝 휠(training wheel)'이라고 부른다. 지도자들은 아마도 이렇게 말할 것이다. "좋아, 그것은 대단해, 그러나 우리는 빅리거(big leaguers)들이 아니야. 우리는 실내에서 운동할 수 있는 값비싼 웨이트장이 없어. 또는 시간이 없어. 우리는 수업이 있고, 예산이 제한되어 있으며, 웨이트 트레이닝 시설에 출입하는 것이 제한되어 있어." 이렇게 말하는 것은 변명하는 것이다. 당신은 매우 비싸지 않은 이동식 웨이트장을 투수들에게 갖추어 줄 수 있다. 5~10파운드 무게 몇 쌍의 덤벨과 손잡이가 연결된 탄성 밴드 한 쌍과 몸만 있으면 이동식 웨이트장이 된다.

나는 종종 덤벨, 탄성 밴드, 또는 보디워크보다 더 좋은 것이 무엇인지를 묻는다. 투구에 의한 스트레스에 대한 내성 강화를 위해 운동할 때 근육군의 스트레스는 다음의 방정식 형태로 덤벨 또는 탄성 밴드로 거의 동일할 수 있다.

중량 + 반복횟수 + 관절가동범위 =

탄성 밴드의 장력 + 반복횟수 + 각각의 신장이 유지된 시간의 양 + 관절가동범위

다음 페이지의 표 6.2는 소근육군과 결합조직을 위한 덤벨, 탄성 밴드, 그리고 보디워크 운동을 비교한 것이다.

표 6.2 보디워크 비교

	운동의 형태	운동부하	운동 효율성
덤벨	등장성: 팔과 상체를 포함하는 12가지 운동으로 전체 관절가동범위에 걸쳐 다양한 저항을 제공한다.	전체 관절가동범위에 걸쳐 덤벨 무게의 작용, 반복횟수, 그리고 움직임의 속도에 따라 다르다. 에너지는 관련된 근육군에 의해 소비된다.	적절하게 감독되면 운동의 효율성은 '좋음(good)' 또는 '우수(excellent)' 이다. 부적절하게 감독되면, 운동 마다 너무 많은 무게 또는 부적절한 기술에 의해 야기되는 손상의 위험이 있다. 움직임은 투구 시 사용되는 근육의 기억에 보다 밀접하게 관련되어 있다.
탄성 밴드	등장성 또는 등척성: 움직임 또는 고정된 팔과 상체 자세에 따라 다양한 저항을 제공한다. 만일 운동 시 관련된 움직임이 없다면 등척성 운동이 된다.	장력의 작용, 탄성 밴드의 장력 강도, 그리고 신장이 유지되는 시간에 따라 다르다. 탄성 밴드의 장력 강도는 시작자세에서는 약 1.36kg이며, 최대 20.41kg를 넘는다. 에너지는 신장 자세 유지를 위해 사용된다. 근육, 건, 인대의 강도는 신장을 이용하여 허용 수준까지 운동을 함으로써 유지 또는 증가된다.	만일 투구 동작과 관련된 모든 근육군이 포함되면, 매일하는 운동의 효율성은 '좋음' 에서 '우수' 이다. 저항이 탄성 밴드와 신장 길이에 따라 독특하기 때문에 손상의 위험은 거의 없다.
자신의 체중을 이용한 보디워크	등장성 또는 등척성: 폐쇄사슬 저항이며 움직임 또는 고정된 자세의 작용에 의한 운동이다. 수평면에서 보디워크를 할 때, 발은 배꼽 아래에 있으며, 저항은 체중의 60%이	다. 발을 배꼽과 같은 높이로 위치시키면 저항은 체중의 80% 이다. 발을 배꼽보다 위에 위치시키면 저항은 체중의 100% 이다. 최대로 반복한다.	우수함. 근수축 실패는 운동의 효율성에 영향을 주는 요인이 아니며, 손상의 위험이 매우 낮기 때문에 자세-특이적, 움직임-특이적 보디워크를 일 년 내내 할 수 있다.

투수의 손상 예방 INJURY PREVENTION FOR PITCHERS

리차드 키치(Richard Heitsch), MD, FASC

몇 년 전에, 나의 의붓아들은 투수로서의 상당한 재능을 가지고 있다는 것을 명확하게 알게 되었다. 나는 아들의 손상을 예방하는 것을 돕기 위해 나의 의학적 지식을 이용하는 것에 흥미를 가지게 되었다. 비록 내가 의학적 문헌을 적용하는 데 문제는 없었지만, 나는 야구 또는 투구에 의한 특이적인 손상에 관한 지식이 매우 부족했다. 배워야 하는 것이 많이 있었다. 내가 할 수 있는 것을 배우는 것과 그것을 실제 상황에 적용하는 것은 나의 가장 보람 있는 경험이 되었다. 내가 배웠던 것의 일부가 다른 젊은 운동선수, 특히 투수들에게 손상을 예방하는 데 도움이 되기를 바라는 마음으로 이 글을 쓴다.

손상 예방을 위한 가장 좋은 출발점은 투구라는 신체적 활동 동안 일어나는 것을 이해하는 것으로 생각한다. 비록 이것은 많은 신체 부위와 근육군을 포함하는 매우 복합적인 활동이고, 매우 빠른 속도에서 일어나지만, 연구자들은 이 책의 1부에 언급했던 톰 하우스(Tom House)처럼 고속사진촬영(high-speed photography)을 이용해서 투구 동작을 포착할 수 있었으며, 부분적으로 나눌 수 있었다.

고속비디오촬영(high-speed video photography)을 이용해 투구 과정을 천천히 관찰함으로써, 우리는 다음과 같은 것을 알게 되었다.

- 감속은 가속 시간의 절반 안에 이루어진다.
- 투구하는 손은 투구를 함에도 불구하고 손바닥이 밖을 향하여 동작을 마친다.
- 투수 발판(pitching rubber)에서 전방 움직임은 다리로 발판을 미는 것보다는 움직임을 조절하며 기울일(fall) 때 가장 효과적이다.

비록 많은 요소의 부분으로 투구 움직임을 분해하는 것이 무엇이 일어났는지를 이해하는 데 도움이 되지만, 투수들은 몇 개의 분리된 단계로 투구할수 없다; 투수들은 하나의 연속적인 동작으로 던진다. 이러한 연속적인 움직임은 근육이 관절 주변에서 움직임을 만들기 위해 수축할 때 생산된 힘에 의한 결과이다. 이것을 순차적 근육 부하(sequential muscle loading)라고 부르며, 던지기와 관련하여 수축한 근육군의 누적된 힘이 선행하는 신체 부위에서 생산된 힘에 추가되고 다른 부위로 지나갈 때로 정의된다. 즉, 전방으로 향하는 힘(forward force)은 성공적인 전방 기울임(forward fall)으로 마운드에서 멀어짐, 전방으로 몸통 회전, 그리고 팔꿈치 신전에 의해 생산된다. 생산된 전방 힘이 모두 합쳐지는 지점에서 볼에 힘이 전달되고, 공이 손에서 떠나게(release) 된다.

투구 과정은 공이 손에서 떠난 순간부터 감속을 시작하기 때문에, 공이 손에서 떠난 직후에 멈추지 않지만, 전방으로 향하는 모든 힘은 반드시 속도가 느려지고 결국에는 멈추게 된다. 이 단계는 가속의 반대쪽 근육군이 주로 작용할 때 일어나며, 전방으로 향하는 힘을 만들 때의 반대 순서로 일어난다.

투구에 의한 손상은 투구 동작 시 발생된 힘에 저항하는 구조의 능력을 초과했을 때 일어난다. 손상은 한 번의 힘 적용에 의해 갑자기(급성 손상) 또는 작은 힘이 반복적으로 오랜 시간 동안 적용될 때(과사용 손상) 일어날 수 있다.

투수들의 손상 예방에 있어서 가장 중요한 것은 투구동작(mechanics)과 균형 있는 근력이다. 톰(Tom)이 지적한 것처럼, 기술 또는 역학은 투구와 관련된 개개인의 움직임의 적절한 수행뿐만 아니라 순서에 있어서 각 움직임의 적절한 시기와도 관련되어 있다. 좋은 역학은 가속된 힘을 디딤발(plant foot)에서 몸을 통과하여 공으로 전달되는 손까지 부드럽고 질서정연하게 힘을 전달하기 위해 필요하다. 좋은 투구역학은 홈플레이트(home plate) 일직선을 이루며, 전방을 향하는 힘의 감소와 공의 속도를 감소시킬 수 있는 약간의 외측 움직임도 일어나지 않는 것이다. 좋은 투구동작은 중심이동신체부위에 스트레스를 분산시켜서 특정 부위에 스트레스가 집중되지 않도록 함으로써 손상의 가능성을 감소시킨다.

몸 The Body

어떤 요인들은 투구와 관련된 신체 분절 움직임의 적절한 수행을 방해한다. 피로, 쇠약(weakness), 또는 어떤 신체의 부분에 이전부터 존재하는 손상은 투구역학의 변화를 초래할 수도 있으며, 운동사슬의 다른 신체부위에 손상을 초래할 수도 있다.

만일 반대로 작용하는 근육 한 쌍 중 하나가 다른 근육보다 강하다면, 쌍을 이루는 약한 근육은 기능을 못하거나 손상의 위험이 증가 된다는 것은 직관적으로 볼 때 분명하다. 그래서 투수들은 손상을 피하기 위해서 쌍을 이루는 근육의 균형 있는 근력이 필요하다. 이러한 근력의 균형이 유지되지 않을 때, 관련된 근육은 손상될 수 있으며, 이차적인 손상으로 관련된 관절의 불안정성이 일어날 수 있다. 투구와 관련된 손상이 일어날 수 있는 부위를 이해하는 것은 신체부위의 상대적 크기, 적용된 힘의 양, 그리고 투구역학적인 오류를 고려해야 한다.

다리 Legs

다리의 대근육들은 그 근육들이 생산한 힘에의해 지배된다. 다리의 대근육들은 투수의 힘을 전달하는 운동사슬과 관련된 첫 번째 연결부위이다.

몸통 Trunk

몸통 근육들은 과도한 힘으로 몸통 근육이 과도하게 잡아당겨 지거나 뼈 부착 부위에서 당겨질 때 종종 손상된다. 몸통 안정화 운동은 몸통에 있는 일부 근육 또는 모든 근육의 손상 위험을 최소화시킨다. 실제로 몸통은 팔로 전달되는 힘이 통과되며, 몸통 손상의 발생은 투구역학의 문제는 아니다.

어깨 Shoulder

어깨의 근육들은 상대적으로 작고, 몇몇 선행된 근육군에 의해 생산되어 누적된 큰 힘 때문에 영향을 받으며, 잘못된 투구동작 때문에 매우 쉽게 손상될 수 있다. 어깨의 복잡한 복합 구조와 투구 시 요구되는 활동은 손상을 일으킬 수 있다.

어깨는 투수의 신체에서 약한 연결부위이다. 설상가상으로, 어깨는 치료가 잘되지 않으며, 어깨 손상은 종종 선수생활을 마감하게 한다. 이러한 이유를 고려해 보면, 어깨를 다루는 데 있어서 가장 현명한 방법은 예방이다. 투구 부하를 증가시키기 전에 좋은 투구역학을 배우고, 적절한 근력을 성취해야 한다.

결국, 투수들은 손상 예방을 위한 주안점을 어깨에 두어야 한다. 투구역학적 흐름을 명확히 하고 교정하기 위해 보다 좋은 방법을 찾고, 어깨를 가속과 감속하는 근육의 근력 발달과 유지를 위해 보다 좋은 방법을 찾아야 한다는 것을 의미한다.

팔꿈치 Elbow

상지의 대근육들은 팔꿈치의 움직임을 조절한다. 투구에 있어서 팔꿈치 관절은 단지 팔의 신전을 제공한다. 팔꿈치 손상은 보통 건(tendon)과 관련되어 있으며, 대부분 투구역학에 있어서 오류에 의해 초래된다. 투수들은 팔꿈치 건 손상을 치료하기 위한 수술 후, 이전의 수행 수준으로 복귀하는 데 있어서 상당히 성공적이다.

근력 트레이닝 Strength Training

많은 야구인들은 오랫동안 중량운동과 관련된 근력 트레이닝에 반대해왔다. 야구인들은 중량운동이 유연성을 감소시키고 손상을 유발한다고 주장했다. 야구인들의 걱정은 타당한 것이지만, 그런 문제를 피할 수 있다.

원하는 효과를 성취하기 위해서, 대다수의 투수를 위한 트레이닝 프로그램은 약 15세에 시작해야하며, 일반적인 체력(body fitness), 유산소성 능력, 그리고 근력 트레이닝을 포함해야 하고, 유연성을 유지하면서도 근력을 증가시키기 위해 설계되어야 하며, 어깨 뒤쪽의 근육처럼 명확하게 약한 부위의 근력강화를 강조해야 한다. 투구 시 사용되는 모든 주요 길항근군은 투구 시 전달되는 힘의 전체 사슬을 따라 근력을 발달시키고 균형 있는 근력을 유지하기 위해 운동해야 한다.

근력 트레이닝 시 일어나는 나쁜 것은 일반적으로 2가지 실수와 관련되어 있다: 적절한 기술을 충분히 배우지 않는 것과 얼마나 많은 무게를 들 수 있는지를 확인하려는 유혹에 빠지는 것이다. 좋은 기술은 역학과 적절한 집중을 포함한다. 모든 운동의 모든 반복은 전체 관절가동범위에 걸쳐 집중해서 수행해야 하며, 마지막 반복까지 통제할 수 있는 무게로 적절한 역학적 기법으로 수행해야 한다. 또한, 운동이 무엇을 달성하기 위해 설계되었는지에 관한 지식을 가지고 수행되어야 한다.

일주일에 3~4번, 60~90분 운동 동안은 시합 상황과 거의 비슷한 정도로 집중해서 운동해야 한다. 이러한 방법은 정신적, 신체적 준비의 좋은 기초가 되는 동시에 근력 트레이닝과 시합 상황 모두에서 손상을 예방하게 한다.

근력 트레이닝이 모든 손상을 예방할 수는 없지만, 많은 가능성을 감소시킨다. 투수의 취약점은 어깨의 뒤쪽, 특히 회전근개에 근력 약화(weakness)가 지속되는 것이다. 17~18세의 투수들의 회전근개 손상은 야구팀에서 지속적으로 투구하는 투수들에게 높은 빈도로 나타난다. 회전근개 손상을 예방하는 방법은 명확하지 않다(심지어 뉴욕 메츠 투수코치인 멜 스토틀 마이어는 자신의 메이저리그(major league) 선수생활이 회전근개 손상에 의해 끝나게 되었으며, 자신의 두 아들 중의 한 명도 회전근개 손상으로 선수생활이 끝나게 되는 것으로 예방할 수 없었다고 말했다).

손상 예방은 조기에 시작해야 하며, 이를 위해 야구팀에 들어간 초기부터 투구 수를 제한해야 한다. 야구팀에서 지속적으로 투구하는 사람들은 반드시 투구 수 제한과 컨디셔닝 프로그램이 지속되어야 한다. 특히 근력 트레이닝은 14~15세에 시작해야 한다.

CHAPTER 7

연습에서 실전으로의 전환

Transfer of Training to Performance

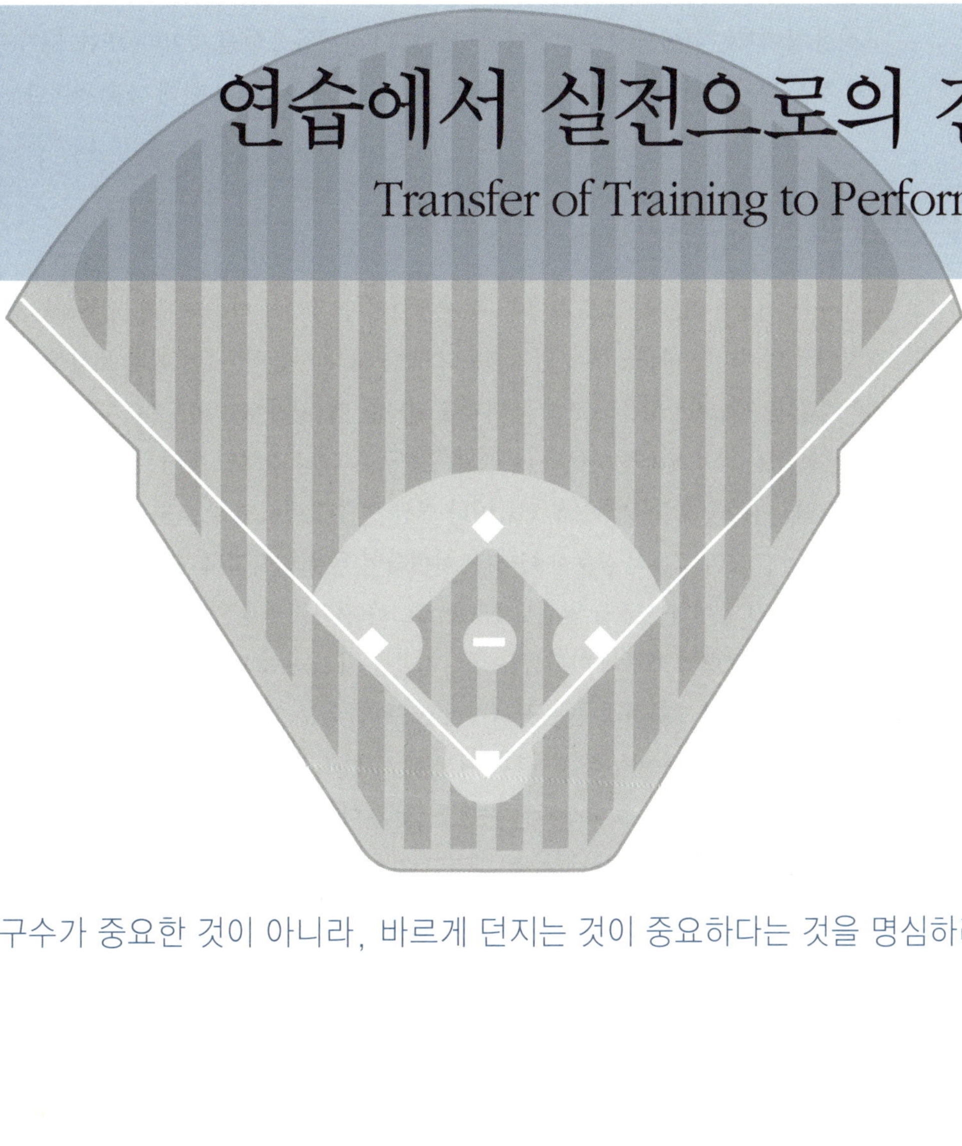

"투구수가 중요한 것이 아니라, 바르게 던지는 것이 중요하다는 것을 명심하라."

이 책을 통해서, 나는 평지와 마운드에서의 운동 결합이 준비를 위한 방정식(preparation equation)의 한 부분이기 때문에 스로잉(throwing) 양의 중요성을 강조한 바 있다. 부상 없이 시합하고, 세 번의 스트라이크를 던지는 경기는 제대로 준비된 투수에게 궁극적인 보상의 의미뿐만 아니라 경기의 목표이기도 하다. 하지만, 이 부분에서도 문제점과 우려되는 부분이 야기될 수도 있다. 예를 들면, 투수가 많이 던지기를 할 수 있는지, 투수가 투구하지 않을 때 팔에 부상을 입지 않는 선에서 다른 포지션(position)을 뛸 수 있는지, 마지막으로 (이 부분은 대게 부모님, 코치나 선수들이 의문을 갖는다) 던지는 갯수에 대한 기준이 있는지 여부다.

이번 장에서는 위에서 갖은 의문점에 답하고 더 상세하게 다룰 것이다. 또한, 던지기의 생리적 원리와 실전 경기를 위해 마지막 연습 부분에 관한 것을 통상적으로 함께 다룰 것이다.

던지기 연습하기 PRACTICE THROWING

야구는 기술을 요하는 스포츠이다. 평지에서의 던지기와 마운드에서의 투구는 기술을 요한다. 평지에서 던지기는 마운드에서 던지기보다 팔을 짧게 사용한다. 이 책의 도입부에서 투수의 몸은 에너지를 흡수하고 방향을 지으며 에너지를 전달할 때, 평지에서 던지기는 마운드에서의 투구에 비해 2/3의 적은 스트레스를 받는다. 오늘날 투수들은 그냥 스로잉 하지 않는다. 투구하지 말고 던져라. 우리는 아이들이 잘 갖추어진 연습이나 실전 경기가 아니면 공을 주고받는 놀이를 하는 것을 보지 못한다. 그것이 그들의 잘못이 아니다. 아이들이 돌을 던지고 놀 수도 없고, 친구들과 (혹은 아빠와) 공 던지기 놀이하는 것을 닌텐도(Nintendo)나 전자기기를 갖고 노는 것과 비교했을 때 재미없기 때문이다. 그렇기 때문에 아이들은 테니스공을 차고 문에 던지며 놀거나 뒷마당에서 휘플볼(구멍을 뚫어 멀리 날지 못하게 만든 플라스틱 공; 원래 골프 연습용)을 가지고 놀기 마련이다. 여기서 말하고자 하는 요점은 아무리 운동선수가 신체가 좋고, 빠르고, 강하다고 공을 단순히 많이 던지고 경기를 한다고 야구기술을 향상시킬 수 있는 것은 아니다. 우리는 공을 어떻게 던지는지 배우지 못한 선수들에게 실전 경기에서 투수를 하라고 지시할 때가 있다. 코치들은 구체적인 연습을 통해서 가장 기술적인 훈련을 도입해야 하고, 선수들이 스스로 던지는(throwing) 연습을 할 수 있게 격려받아야 한다.

마운드에서의 투구는 팔에 무리가 많이 가는 과정이다. 메이저 리그나 마이너 리그에서는 마운드에서의 투구가 어깨와 팔꿈치 관절을 느슨하게 해주기 때문에 팔의 근력을 20%까지 감소시킬 수 있다. 숙달된 메이저 리그나 마이너 리그 선수가 팔의 근력, 지구력, 체력을 가지고 있어도 대략 75번째 투구에서는 근력의 감소를 느낄 수 있다. (스트레스는 팔의 속도와 몸무게의 유전적인 요소에 관련되어있다) 올바르게 훈련을 받은 투수들이 각 이닝에서 15~20개 투구를 던진다면 전체경기에서 35~40개의 투구를 더 던져도 최소한 누적손상의 근력감소를 견뎌 낼 수 있다. 35~40개 정도의 많은 투구는 전체경기의 15~20개의 투구 만큼 팔에 손상을 줄 수가 있다. 마지막으로, 마운드 피칭에서 얻은 근력감소는 회복하는데 대략 48~72시간이 걸린다.

이 정보를 고려해보면, 우리는 앞에서 제기된 문제에 답을 할 수가 있다. 제대로 훈련을 받은 투수는 마운드에서 투구를 많이 할 수 있다. 하지만, 투수가 평지에서는 많이 던질 수 없다. 마운드 투구 전후로 다른 포지션에서 경기할 수 있지만 평지에서의 던지기는 최소의 부상 위험을 감안하여야 한다. 마지막 두 가지 중요한 점이 있다. 투수의 기법, 근력, 지구력과 체력을 감안하여 투구한도의 윤곽을 정하고 조절해야한다. 근력감소가 있다면 투수는 72시간 내에 심한 마운드 투구를 하지 말아라.

케빈 브라운(Kevin Brown)은 마운드에서 경기하기 위해서, 평지에서 투구기법을 익혔다

하우스 룰 HOUSE RULES

평지에서 투구 기법을 익히고 마운드에서 경기하라. 각각의 동작은 같은 생체학적 움직임이 필요하고, 평지에서 와인드-업과 스트레치(strech) 동작을 연습할 경우, 더 많은 투구를 생리학적으로 더 적은 스트레스를 받으며 할 수 있다.

- 허용 범위 내에서 짧은 거리, 중간 거리, 장거리 거리의 토스(toss)를 하고, 던지고, 또 던져라. 먼 거리는 역학적 실수 (mechanical mistake)를 극대화하고, 근력 감소, 낮은 지구력과 근력으로 인한 부상 위험을 증가시킨다. 허용범위란 선수가 완벽한 매커니즘, 기능상의 내성(tolerance)과 지구력이 맞는 상태에서 던질 수 있는 특정한 거리를 말한다. (매커니즘이 약하고, 신체적으로 작고 체력이 약한 선수는 짧은 거리에서 던지고, 이전의 아웃팅에서 근력감소를 겪은 선수는 팔이 뻐근하거나 아프지 않을 범위 내에서 매커니즘에 영향이 가지 않게 던진다)
- 운동기술서로서 투구의 빈도수와 지속시간을 연습하라. 구원투수는 적은 투구를 좀 더 자주 던지고, 선발투수는 많은 투구를 적은 횟수로 던지며 연습해야 한다.
- 선발투수와 구원투수가 근력감소가 생길 경우에는 얼음, 유산소 운동, 저항운동을 통해서 치료해야 한다. 투구로 인한 외상의 충격으로 중요 관절 부위와 근육세포가 찢어지면서 조직에 출혈이 생길 수 있는데 얼음 마사지는 이것을 멈추게 해준다. 유산소 운동은 산소와 신경 근육 수축에 쓰인 성분으로 근육 조직에 남은 젖산을 몸속에서 제거해준다. 저항 운동은 산소와 영양분을 근육과 결합조직에 공급하거나 (시즌 내) 근육의 영양 상태를 유지시켜 준다. 오프시즌에는 경기가 중요하지 않으므로, 그때까지 근력감소를 느낄 만큼의 저항운동을 삼가야 한다.

트레이닝 마무리 TRAINING WRAP-UP

지금까지, 우리가 알고 있던 정보와 설명을 나누어 가며 자세한 기법과 트레이닝을 점검하였다. 적절하게 훈련을 받은 코치, 트레이너, 치료사가 투수들에게 어떻게 복수운동 근력, 지구력, 체력 관리를 해주는지를 보았다. 또한, 던지기의 생리학적 영향 대 평지와 마운드에서 투구의 양에 대해 숙지했다. 통합적으로, 역학적 훈련 기술과 신체적 적응 훈련을 기능상으로 통합할 수 있는 몇 가지의 프로토콜(protocol)을 배웠다. 다시 말하자면, 기발한 코칭 방법이나 스포츠 동기유발과 함께, 여기서 새로 배운 결정적으로 중요한 규칙과 도구로 건강한 투구 상태와 성공적인 경기를 준비할 수 있다.

PART 3

정신적 · 정서적 필수요소
Mental and Emotional Essentials

PART 3

정신적 · 정서적 필수요소

Mental and Emotional Essentials

나는 코치와 선수들에게 '성공과 자신감 중에 무엇이 먼저인가?' 라는 질문을 하는 것을 좋아한다. 사람들은 대부분 50 대 50으로 나뉘어 답한다. 하지만, 둘 중의 하나도 옳거나 틀리지 않다. 왜냐하면, 준비를 제일 먼저 해야 하기 때문이다."

야구를 잘못된 정보를 가진 비관적인 사람들에게 지도받는다면 게임에 실패한다. 정신적, 정서적 완성은 신체기능을 지지해 준다(경기 중 정신적 지속성은 선수에게 중요하다.). 역사적으로, 최고의 타자는 10번 중 7번 공을 치지 못한다. 최고의 투수는 10번 중 5번을 실패하거나 승패가 없이 게임을 마친다. 야구에서 최고의 투수가 최고의 타자보다 적게 실수를 한다면 통계상으로 투구가 유리하게 작용하는 것은 분명한 사실이다. 투수의 정신적 강인함과 정서적 조절은 "좋은 투구가 좋은 타격을 이긴다."라는 법칙의 전제하에 이루어져야 한다. 90mph 범위에서 빠른공(fastball)을 던지는 것이 좋지만, 꼭 필요하지는 않다. 좋은 투구는 강하고 부드러우며 공의 마지막 움직임이 안쪽이든 바깥쪽으로 꺾이는 세 가지 조건을 갖추고 있다. 투구 동작의 느낌과 훈련이 기능이라고 가정해 보자. 그렇다면, 코치들과 선수들에게 이번 장 3부에서 말할 "좋은 피칭은 좋은 타격을 이긴다" 라는 문구에는 경기 중 정신적, 정서적 준비와 지속성이 담보되어야 한다는 전제가 따르게 된다. 이 정신적, 정서적 준비 프로세스는 가르치거나 배울 수도 있으나, 굳이 코치들이 이 과정을 숙달하기 위해서 심리학을 배울 필요는 없다. 나는 투수들에게 컴퓨터에 비교해서 그들의 뇌는 소프트웨어, 혹은 디스크라고 얘기하고, 그들의 신체는 하드웨어나 본체라고 비유해 준다. 그들의 소프트웨어가 본체를 제대로 제어하지 못하면, 완전한 프로그램을 입력하지 않았기 때문에, 제대로 된 답을 얻을 수 없다. 적절한 준비는 성적이 좋지 못한 빈약한 경기를 방지한다는 것을 알아야 한다. 경기를 하는 선수들의 신체적 하드웨어를 움직이는 정신적 소프트웨어는 정확하고 알맞게 짜여야 한다. 여기서 말하는 것은 최적의 집중력과 동기부여를 뜻한다.

많은 스포츠 심리학자들은 긍정적 시각화를 강조한다. 이 이미지 기법은 선수가 준비단계에서 실제적으로 이미징(imaging)을 할 때 굉장히 효과적일 수 있다. 시각화하지 않고 경기를 하거나 비사실적인 준비는 선수들에게 역효과를 줄 수도 있고, 곤경에 처하게 할 수 있다. 선수가 본인의 재능을 역학적, 신체적, 영양적인 측면에서 제대로 준비하지 않으면, 성적을 현실화하는 어떤 시각화도 가능하지 않는다. 선수가 준비를 했더라도, 선수는 경험의 기회가 필요하다. 선수는 기본적인 배경 지식, 정보를 배우고 지도를 받을 수 있지만, 선수 스스로만의 경험을 쌓아야 하고, 실전 경기를 펼 수 있는 어느 정도의 재능을 갖추어야 한다.

나는 코치들과 선수들에게 메이저 리그(major league)에서 경기를 하는 것이 매우 훌륭한 희망이고 꿈이지만, 경쟁 스포츠 세계에서 성공에 도달하기 위해 꾸준히 경기하는 것은 필수 전제조건이라고 말한다. 꿈을 현실화하기 위해서, 선수는 먼저 현실을 파악해야 한다. 현실이란? 경기에서 투수의 자신감의 상호작용을 최적화하여 승리할 수 있게 준비요소를 통합하는 것을 말한다. (그림 III.1)

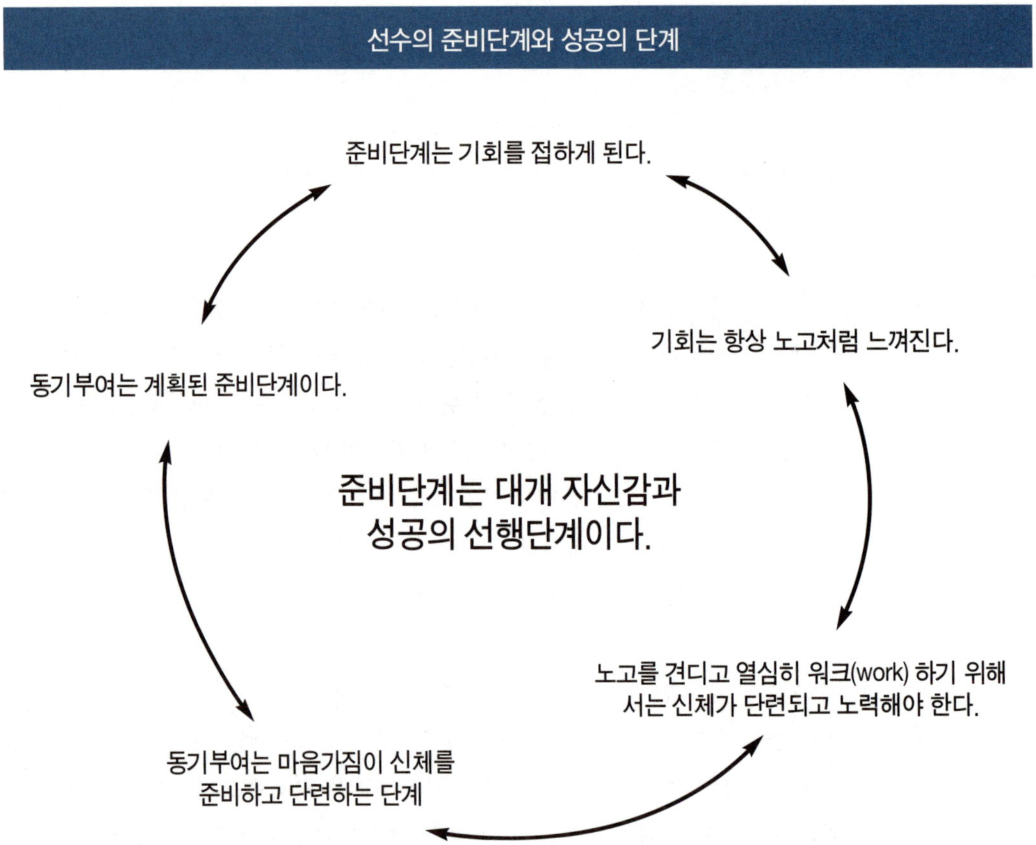

그림 III.1 위의 그림은 투수의 준비단계, 자신감, 성공 사이의 상호관계를 나타내고 있다.

그림 III.1은 준비단계에서 어떤 방식으로 신체적 준비과정이 정신적 준비과정과 관련되어 있는지 나타내고 있다. 그 단계 후, 시각화가 실제 경기를 준비하기 위해 좀 더 구체화할 수 있다. 투수는 투구를 할 때, 정신적 · 신체적으로 각각의 피칭 하나에만 전적으로 집중해야 한다. 신체는 경기를 위해 단련시키고 긍정적인 사고를 통해 경기를 대하는 긍정적인 자세를 갖추었을 때야 비로소 기회를 경험으로 만들고, 시각화(visual imaging)를 현실화시킬 수 있다.

최고의 투수는 항상 이길 수 없지만, 투구를 잘한 투수는 이길 수 있다. 올바르게 생각하는 자세는 경기 삼위일체를 실현시킬 수 있는 마지막 요소이다. 이것이 올바른 기술 및 트레이닝과 결합된다면, 어떤 투수도 경기에서 던질 수 있는 최고의 피칭 확률을 높일 수 있다.

CHAPTER 8

전략적 지휘

Strategic Command

" 승부의 절반은 정신력에 달렸다. "

요기 베라(Yogi Berra)

이번 8장에서는 지적 능력이 필요하다. 7장과는 다르게 정서적 부분과는 관계가 없다. 통계상으로, 125년 이상의 야구 역사에서 가정과 결과로 증명됐다. 전략(strategy)은 경기에서 투수의 투구 성공 확률을 높이기 위해 고안된 것이다. 작전(tactics)은 투수 전략계획 기획을 신체적으로 이행하는 도구로 쓰인다. 투수가 본인의 작전을 잘 사용할 수 있다면 마운드에서도 선수의 전략적인 투구를 할 수 있다. 우리는 투구를 잘한 투수에게 "이 선수는 전략적인 투구를 할 수 있다."라고 묘사한다. 이번 8장에서는, 나는 코치와 선수들에게 어떻게 전략과 작전을 기획하고 시행할 수 있는지를 알려줄 것이다. 내가 보아온 좋은 투수들은 국내든 국외든, 무의식적이든 의식적이든, 아마추어든 프로 수준인지를 떠나서 투수 본인의 계획을 실행하기 위해 전략과 작전을 잘 세운 선수들이었다. 만약 이 책을 읽는 독자가 계획이 없다면 다음 사항들을 시도해 보길 권장한다.: 모든 타자에게 스트라이크 하나씩을 던지고, 매 이닝에서 첫 번째 타자를 아웃 시키고, 득점을 한 이후 이닝에서는 실점을 하지 않는다. 놀런 라이언(Nolan Ryan)은 28년간 이러한 전략으로 좋은 성적을 냈었다.

타자를 아웃시키기 위한 전략 STRATEGIES FOR OUTS

스트라이크를 던져라! 성공적인 투구는 스트라이크를 던졌느냐에 따라 근거를 둘 수 있다. 잘못 던진 볼이 스트라이크로 판정되는 것이 잘 던져졌지만 볼로 판정 되는 것보다 낫다. 오늘부터 자신의 피칭 장점이 무엇인지 파악해야 한다. 준비운동을 통해서, "당신의 전략적인 투구는 무엇인가?" "당신의 주무기는 무엇인가?" "당신이 보여 줄 투구는 어떤 것인가?" "스트라이크를 잡기 위해 던지는 공은 무엇인가?"

실제 경기에서 사용되는 모든 투구를 익히려면 경기 중에 독자가 던질 수 있는 모든 투구를 던져봐야 한다. 수많은 투구를 연습 하였더라도 실제 경기에서 숙달될지는 확실하게 단정 지을 수 없다.

타자가 속구를 칠 때의 약점을 파악해야 한다. 타자가 높은 공을 잘 치는 선수인가 낮은 공을 잘 치는 선수인가? 타자가 몸쪽 공이나 바깥쪽 공을 잘 칠 수 있는가? 여러분의 공 속도가 느릴수록 홈플레이트(home plate)의 안쪽이나 안쪽에서 바깥쪽으로 흘러나가는 공을 던져야 한다. 홈 플레이트의 반은 상대편의 것이고, 나머지 반은 당신의 것이다 - 상대편이 당신의 홈플레이트(home plate) 반을 가져가지 않도록 해라. 또한, 너의 속구가 더 느릴수록 속도의 차이가 현저한 체인지-업(change-up)을 던져야만 한다.

변화구를 잘 치는 선수가 있지만, 모든 타자가 그렇지는 않다. 변화구를 던져라!

타자들은 예상보다 느린공을 배팅하는 법을 모른다. 모든 스윙은 속구를 치는데 준비되어 있다. 속도감이 적은 투구를 해라.

투구할 때, 65%의 속구, 20%의 변화구, 15%의 느린 공으로 투구해야 한다. 경기 상황에 따라 조절하라. 정확한 위치를 설정할 수 없을 때는 속도를 변화시켜라. 볼의 속도를 변화할 수 없을 때는 정확한 위치를 설정하라. 둘 다 할 수 없는 경우에는 스트라이크 존으로 강하게 던져라.

투구는 한 번에 하나씩 던져라:. 투구를 하기 전 · 후에는 신경을 써야 하는 부분들이 있지만, 투구를 할 때에는 신체적, 정신적으로 완전히 투구 하나에 몰두해라.

랜디 존슨(Randy Johnson)은 게임을 이기는 열쇠가 스트라이크를 던지는 것에 달렸있다는 것을 알고 있었다. 잘못 던진 공이 스트라이크로 판정 되는 것이 제대로 던졌지만 볼로 판정 되는 것보다 낫다.

투구의 성공 확률은 투수에 달려 있다. 투수는 세 개의 공을 두 공간으로 던질 수 있으므로, 타자는 공을 치기 위해서는 6개의 확률 중에서 올바른 하나를 선택해야 한다. 라스베가스에서는 이런 확률을 좋아할 것이다! 투수는 스트라이크 존을 볼 카운트의 초반과 후반에 넓게 보고, 중간에는 좁게 본다. 실전 경기 전에 포수와 정신적으로 연습경기에 임하라. 상대팀 타자에게 어떻게 투구를 할 것인지 계획을 세우고, 계획대로 경기를 하라. 만약에 상대팀 타자에 대한 사전자료가 없다면 투수와 포수가 함께 상대팀 배팅연습을 관찰하라(한 사람보다는 두 사람이 관찰하는 것이 좋다.) 속구를 어느 공간으로 던질 것인지를 다음 두 사항을 참고하여 결정하라. 타자가 타석에 섰을 때 (1) 공의 높낮이를 잘 볼 수 있는 위치에 서는지 혹은 (2) 홈 플레이트에서 안쪽과 바깥쪽 볼을 잘 볼 수 있는 위치에서 있는지를 관찰하라. 일반적으로, 투구는 타자가 타석에서 어떤 자세를 취하고 있는지에 따라 결정된다.

1. 똑바로 선 자세의 타자는 낮은 공을 친다.
2. 쪼그린 자세의 타자는 높은 공을 친다.
3. 플레이트 쪽으로 가까이 선 타자는 몸쪽 공을 좋아한다.
4. 플레이트에서 멀리 선 타자는 바깥쪽 공을 좋아한다.

투수는 배트를 짧게 잡는 타자에게 스트라이크를 던지고자 한다면 스트라이크 존의 바깥쪽으로 던져야 하고, 배트를 길게 잡는 타자에게 볼을 던지고자 한다면 스트라이크 존재에 완전히 벗어나게 던져야 한다. 하지만, 특정한 투구 선정을 하는 데는 볼 카운트가 있다.

변수(counts) 익히기 WORK THE COUNT

최적의 변화구 변수는 볼 카운트 0-0, 1-2, 0-2 볼 카운트이다. 변화구는 “이 볼을 쳐봐라 (Get me over pitch)” 라고 흔히 해석된다. 통계적으로, 타자가 0-0 상황에서 변화구를 배팅할 확률은 7.8%이다. 1-2 혹은 0-2 상황에서 변화구는 스트라이크로 보아야 하고, 시야에서 사라지면서 꺾이거나 플레이트에 떨어진다.

최적의 비속구(Off-Speed pitch) 변화구는 1-0, 2-0, 그리고 2-1 볼 카운트에서 던진다. 만일 비속구를 적절하게 던질 수 있는 제구력이 있다면, 어떤 속구나 체인지업(cange-up)도 적절하게 던저볼 수 있다. 제구력이 있다면 비속구 자체가 무기이기 때문에 달리 던지는 위치를 변경할 필요는 없다. 정확한 위치와 움직임을 알면 보너스가 될 수 있다. 볼 카운트를 알면 투수에게 약이 될 수 있다. 예를 들면, 투수가 도루를 할 수 있는 카운트에서 커브를 비속구 도루를 허용할 수 있는 카운트에서 비속구나 커브를 던지면 빠른 타자가 도루를 성공하게 되고 게임이 종료될 수 있다. 투구를 하고 진루할 때는 움직임과 이동 시간에 변화를 줘라.

치고 달리기(hit-and-run)는 속구를 던진 상황에서 공을 잘 맞히는 타자가 타석에 있을 때, 평균 혹은 평균 속도 이하의 주자가 진루할 때의 변수를 말한다. 타자가 진루했을 때, 투수는 움직임과 이동 시간에 변화를 줘야 한다. 오프 스피드 구사력이 있다면, 빠른 스텝으로 체인지 업(change-up)을 던지면 스트라이크가 나오고, 두 번째에는 아웃시킬 수 있다.

통계적으로 계획을 짜고, 전략적으로 그 계획을 이행한다면, 실제 경기에서 적당한 사용할 수 있다. 통상적으로, 게임에서 이기고 지는 것은 타자의 기량이 아닌 투수 본인의 능력과 기량에 달렸다. 정신적으로 준비된 투수는 게임에서 자신과 팀을 승리로 이끌 수 있다는 것을 명심하라.

"타자가 칠 수 없는 속구를 던지는 것은 재미가 없다. 진짜 도전은 타자가 칠 수 있는 투구를 해서 그들을 아웃시키는 것이다."

샘 맥두웰(Sam McDowell), 텍사스 레인저스 선수 지원 프로그램 카운슬러, 1961-1971 클리브랜드 인디안스 투수, 1992년 알링턴 스테디움 경기 전 대화에서.

나는 웃을 수밖에 없었다. 샘 맥두웰은 그의 이야기를 통해 즐거움을 주면서도 그의 말을 자세히 들어보면 매우 통찰력 있는 이야기들이다. 그의 명언에서 내게 가장 중요하게 생각하는 단어들은 재미, 도전, 그리고 아웃이다. 타자들을 아웃 시키는 것은 어느 투구 수준에서든 가장 기본적인 목표이다.

이제, 독자는 여러분은 지적기반을 다졌다. 이 기반을 뒷받침해줄 수 있는 정신적, 정서적, 신념 체계를 배우도록 하자. 정신 집중에 관해 제9장에서는 몇 가지 새로운 심리적 프로토콜을 자세히 다룰 것이다.

하우스 룰 HOUSE RULES

다음 몇 가지 규칙들은 독자가 자신감을 얻고, 경기에서 이기도록 도와줄 것이다.

- **우선사항을 정해라**: 무엇이 중요한지를 알고, 단계적으로 접근해 우선사항을 정해야 한다.
- **문제를 인식해라**: 문제는 기회이다. 다만 선수가 문제를 장애물로 생각할 때만 장애물이 된다.
- **탁월함의 기준을 정하고 쫓아라**. 선수는 본인이 무엇을 위해 노력하고 있는지 인지해야 한다.
- **긴장감을 늦추지 마라**: 일을 꾸물거리고 미루다 보면 절대 마칠 수 없다
- **세부사항에 집중해라**: 다른 나머지는 잊어라
- **전념해라**: 선수 본인에게 전념해야 하고, 스스로 약속에 타협하지 않게 노력해야 한다. 누구든지 힘들어 보이면, 그 약속을 이행하지 않으려 핑계거리를 찾게 된다.
- **걱정하지 마라**: 본인이 ok 할 수 없는 것을 걱정하며 시간 낭비하지 마라.
- **실패를 이해하고 두려워 마라**: 실패를 직면하고(ok) 검토하라. 그리고 실패를 그대로 받아들여라.
- **감성을 갖고 이행해라**: 감성이 선수 본인에게 불리하지 않고 긍정적인 효과를 낳을 수 있게 배워라.
- **즐겨라**: 즐기는 것은 최고의 요법이다.

CHAPTER 9

정신 집중

Concentration

"귀찮게 하지 마! 나는 집중하고 있어!"

"네가 집중하고 있다면, 너는 신경 쓸 수가 없어."

집중이라는 단어는 스포츠에서 종종 잘못 사용되거나 잘못 해석될 때가 있다. 코치들은 항상 선수들에게 집중하라고 얘기하고, 선수들은 나름대로 집중하기 위해 최선을 다한다. 하지만, 그들이 집중하고 있다고 생각할 때, 사실은 그렇지 않다! 집중하는 것은 하나의 과정이지 작업이 아니다. 이 과정은 사실상 잘 관리된 마음가짐, 신체, 그리고 주어진 과제(task)의 상호작용을 말한다. 적절하게 잘 다듬어진 이 상호작용은 경기에서 유리하게 쓰일 수 있다. 반면에 적절치 못하게 준비하면 준비 과정이나 경기에서 심각한 딜레마나, 곤경에 처할 수가 있다. 예를 들면, 일반적인 코치와 투수의 상호작용은 다음 대화 문장과 비슷하다. "존, 포수의 글러브에 집중해. 네가 스트라이크를 던지는 모습을 머릿속에 그려!" 그럴듯하게 들리지 않는가? 사실은 그렇지 않다. 순서에도 어긋나고, 정확하지 않기 때문이다. 글러브나 목표는 전적으로 투수의 선택에 달렸다. 사실 포수의 글러브에 공이 들어가는 것은 과정의 마지막 단계이다. 첫 번째로 투수가 투수 선택을 하고 신체적 이행을 통해 추정해야 한다. 코치와 투수는 차례로 어떤 투구를 어느 방향으로 던질지 설정해야 한다. 이 배열 순서 없이 피칭에 집중하게 되면 신경과 근육에 혼동된 정보가 보내져 신체가 반응하게 된다. 고정된 지시는 심지어 최대 노력을 하더라도 수행을 방해한다. 과정이 아닌 결과에 대한 야구 경기에서 원하는 결과인 스트라이크는 마지막에 일어난다.

마음가짐, 신체, 주어진 과제의 상호작용에 대해 살펴보자. 일반적으로 4가지 스텝으로 이루어지는데 시각화 과정(visualization process)을 거쳐 중심과정(centering process)를 거치게 된다. 다시 말하지만, 정확한 순서배열은 집중하는 과정에 중요한 만큼 근육을 순차적으로 동원(loading) 시키는 방법이 중요하다.

집중훈련 LEARNING CONCENTRATION

집중하는 것을 배우기 위해서, 투수는 (1) 코치로부터 알맞은 정보과 설명을 받아야 하고, (2) 경기에서 집중하는 방법을 경험해서 (3) 자기 이해(intrapersonal), 대인관계(interpersonal)에 대한 지식을 습득해야 한다. (4) 이 기본 지식은 무엇이 올바르고 잘못되었는지를 구분하는 인식과 함께 온다. 투수들은 경험을 배울 수 없다. 모든 투수들은 경기 중 각기 다른 경험을 하게 되고, 의식의 정도(수준)는 경기를 이겨야하는 시점에서 선수의 기본 실력과 재능을 뒷받침해줘야 할 때 필요하다. 능력 이상의 성과를 내는 선수들은 신체적인 재능은 부족하지만, 정신적, 정서적 능력이 좋은 선수들을 말한다. 이러한 선수들은 경험, 정보, 코치의 지시를 정확하게 숙달하고, 본인과 대인관계에 관한 기본 지식을 익히며, 경기 중에서 어떤 플레이가 옳은 것인지를 인지하는 의식의 수준이 높다. 이 선수들은 개인적으로 경기에서 이기려면 자신들이 무엇을 해야 하는지 스스로 배운 선수들이다. 정반대로, 능력 이하의 성적을 내는 선수들도 있다. 신체적으로 뛰어나지만, 일관성 없이 경기를 수행하는 선수들이다. 그들은 개인적으로 게임을 이기려면 무엇을 해야 하는지 모른다. 대부분의 투수들은 정신적, 정서적 조정 사이에서 헤매곤 한다. 하지만, 모든 투수들은 집중하는 과정을 배울 수 있다. 과정을 잘 익힌다면, 앞서 배운 시각화(visualization)에 더해 질 수 있다.

투수들은 어떻게 집중하는지 배울 수 있다. 트로이 퍼시벌(Troy Percival)이 자신의 목표를 향해 투구하고 있다.

시각화를 이용한 집중하기 USING VISUALIZATION TO CONCENTRATE

시각화(visualization)는 경기를 올바르게 하기 위해 신체를 움직이는 마음가짐의 기본 인식과 경험 지식의 의도적인 집중이다. 여기서 중요한 사항은 (1) 투수의 몸은 시각화의 좋고 나쁨을 고칠 수 없으며, (2) 정신 신경면역적 강도(psycho-nuero-immunological intensity)가 없는 상태에서 시각화를 사용한다면, 아무리 좋은 시각화 일지라도 신체가 그것을 시행할 수 없다. 아드레날린이 분비되면서 뇌가 신경과 근육에 운동 지시를 보내도, 신경과 근육은 호르몬 분비 전의 상태로 되돌아 갈

수 있다.

투수들이 불펜(bullpen)에서 게임과 공감대 없이 연습한다면 그 연습은 쓸모없는 것이 된다. 스포츠 심리학자들은 선수들이 다음 경기 준비를 위해 지난 경기를 되돌아보게 조언을 해줄 때 자신들도 모르게 선수들에게 좌절감과 실패를 언급하기 때문에 코치들과 선수들은 차이점을 알고 가야 한다. 이것은 투수가 몇 번의 경기에서 강한 경기 경험했을 때만 일어난다. 선수가 경기에서 연습한 기량을 보여주지 못할 때, 야구에서는 이것을 화이트 라인-공포증(White line fever)라고 부른다. 이런 선수는 계속해서 예전의 폼으로 되돌아갈 것이다. 좌절과 실패를 언급하기보다는 아드레날린 분비가 많은 사건, 사고(떨어지거나, 교통사를 당할 뻔했던 경험)를 기억해 그 당시의 기분을 경기에 적용하는 선수가 더 나을 것이다. 3부에서 언급했던 소프트웨어와 하드웨어 비유를 생각해 보자. 화이트 라인 공포증이 있는 선수는 소프트웨어와 하드 드라이브 용량 사이에 아드레날린이 과분비 될 수 있게 스위치를 올려야 한다. 소프트웨어와 하드 드라이브 사이에 용량이 생기기 전까지는 최적의 임무 수행을 할 수가 없고 동등하게 아드레날린을 분비 할 수 있는 능력은 경험에서 나온다. 이는 딜레마를 말하는데, 의식적 집중 지식과 인식을 임무 수행의 사기를 높이기 위해서는 (1) 경험을 통해서 구체화 시키고, (2) 준비와 경기의 한계를 초월하고, (3) 모든 균형이 맞을 때까지 인내를 갖고 기다려야 한다. 그렇다면, 코치들과 선수들은 주의집중(centering)을 할 준비가 된다.

주의집중은 선수의 궁극적인 집중 정도이다. 이는 구체적-과제 시각화와 긍정적인 의식적, 잠재적 상호작용이 합쳐졌을 때를 이른다. 잠시, 주제에서 벗어나 잠재의식과 의식에 관해서 이야기하겠다. 의식적 정신은 한 번에 생각할 수 있는 구체적인 생각이다. 이는 1초에 1억 바이트의 정보가 처리되는 양의 잠재의식에 도달하는 방향을 주며, 이 정보는 1초에 대영백과사전 2권의 양만큼의 정보를 얻는 셈이다. 분명히 말하자면, 잠재의식이 적절하게 사용되면 매우 강력한 자원이 될 수 있다. 여기서의 적절한 사용이란 잠재의식은 편집되는 것이 아닌 과정이기 때문에 의식 속에서 확실한 입력(input)과 방향을 제시해야 한다는 의미이다. 의식적인 부정적, 중립적 생각 또한 긍정적인 마인드와 같은 노력을 요구하지만, 경기에서는 실패를 부른다. 이 장의 마지막 부분에서는 빌 헤리슨 박사(Dr. Bill Harrison)의 자기중심적 집중에 관한 서문을 포함하고 있다. 헤리슨 박사는 스포츠 분야에서 과정을 가장 잘 설명하는 사람이다. "투구 전의 과정을 위한 행위가 있고, 투구가 있고 그 다음 투구 후 과정을 위한 행위가 있다."라고 말한 적이 있다. 투수에게 경기에서의 주의집중은 투구 전과 후의 의식적인 과정을 의미하며, 잠재의식과 함께 의견 일치에 도달하는 것을 말한다. 주의집중(centering)은 투수들이 완전히 정신적, 신체적으로 한 공간과 피칭 과제에 전념하는 것을 의미한다. 구체적 과제 시각화를 시행하기 위한 중요한 것들은 다 걸러진 셈이다.

성공적인 시각화(Visualizing Success)

정신훈련에서 가장 좋은 훈련 방법 중에 하나는 지난 성공들을 마음속으로 생각하고 검토하는 것이다. 성공을 실패와 비교하고, 무엇이 꾸준히 좋은 투구를 도와주는지 결정하라.

다음과 같은 방법으로 시각화하는 연습을 실행해보자.

눈을 감고, 본인이 유난히 투구를 잘한 날을 떠올려 보자. 효과적으로 한 투구를 한 구체적인 경기 혹은 이닝이나 타자를 생각해 보아라. 컨트롤을 잘하고 투구 구사력이 좋았던 시간을 떠올리고 어떤 강한 느낌들을 가졌는지 생각하자. 본인의 모든 성과가 좋았던 투구를 충분한 시간을 갖고 생각해 보아라. 실제 경기에서 성과가 좋지 않았어도, 불펜에서 연습했을 당시의 투구 구사력을 떠올려 보아라. 만약에 몇 년 전을 떠 올려야 하거나 경기력이 낮았었다면, 마운드에서 진심으로 전략적 투구를 했던 시간을 생각하라.

위에서 명시된 실적들을 생각해 본 뒤, 다음 7가지 문항에 맞으면 'T', 그렇지 않으면 'F'로 답해 보자.

1. 투구 할 당시, 어떻게 투구를 했는지 정확하고 또렷하게 머릿속에 이미지를 그려낼 수 있었다.	T	F
2. 바로 목표를 향해 볼을 던질 수 있을 정도로 집중력이 높았다		
3. 몸의 일부나 신체를 투구동작을 생각하며 던진 것이 아니라 몸이 이끄는 대로 투구를 했다.	T	F
4. 투구 할 당시, 타자나 그 주위는 뿌옇게 보였으나 목표물 하나는 뚜렷이 보였다.	T	F
5. 마음이 몸을 떠나 볼이 목표를 향해 날아가는 것처럼 목표를 향했다.	T	F
6. 집중을 방해하는 요소들이 없었다.	T	F
7. 시간이 느긋해졌다. 무엇을 하고 싶은지 혹은 생각할 수 있는 시간이 충분했다.	T	F

본인의 성과에 대한 정확한 생각을 얻고 위의 7가지 질문에 답을 다 했다면, 본인의 해당 사항을 살펴보아라.

지금 정신적, 신체적으로 어떤 느낌이 드는가? 지금 바로 투구를 할 기회가 생긴다면 본인의 자신감은 어느 정도인가? 나는 선수 본인이 강한 자신감과 좋은 기분을 가지고 있기를 기대한다. 지금 본인이 느끼고 있는 감정은 성공적인 시각화를 통해 선수의 마인드를 활용한 결과이다. 위에서 성공에 관해 답을 할 때 어느 정도의 거짓이 섞여 있을 수도 있지만, 최대한 정직하게 답해야 한다.

성공적인 시각화(계속)

비록 내가 긍정적인 마음으로 임하고 있다고 주장하지만, 투수들은 본인들의 성공과 실패를 해석하는 과정이 많은 도움이 될 수도 있다. 다만, 너무 많은 시간을 투자하지는 말자. 아쉽게도 많은 투수들과 코치들은 좋은 경기를 하지 못한 이유를 찾기 위해 너무나 많은 시간과 에너지를 소비한다. 이건 나쁜 방법이다.

투구나 다른 스포츠 경기에서 정확하고 좋은 피드백은 실력을 향상시키고 배우는 데 꼭 필요하다. 수준 낮은 경기에서도 정확한 피드백을 얻는다면, 위기를 극복할 수 있는 정보를 얻을 수 있다.

간단한 다트 게임(darts game)을 생각해보자. 만약에 눈이 가려진 상태라면, 어떻게 다트를 던질 것인가? 아마도 좋은 기전과 기본을 바탕으로 목표를 향해 다트를 던질 것이다. 하지만, 만약 목표에 얼마나 가까이 던졌는지 목표에서 얼마나 멀리 떨어져 있는지 피드백을 받지 못한다면, 그 다음 던질 때는 어떻게 계획할 것인가? 잘 생각해 보자. 100개의 토스를 한다면 지속적으로 정확한 토스를 할 수 있을것 이라고 생각하는가? 그렇지 않다. 얼마만큼 기전과 기본기를 반복 연습을 하는지는 문제가 되지 않는다. 피드백이나 특정한 목표, 정신적 경기 계획이 없기 때문에 선수의 실적이나 지속성은 아마도 개선되지 않을 것이다.

적정한 정식적 경기 계획이 개발되면, 투구동작과 기본적인 기초는 매우 도움이 될 것이다. 페르난도 발렌수엘라(Fernando Valenzuela)가 투구동작을 할 때 하늘을 바라보는 것을 기억하는가? 아니면 마이클 조던(Michael Jordan)이 눈을 감고 자유투를 하는 장면은 어떠한가? 이 두 명의 선수들은 셀 수 없을 만큼 연습하고, 완벽한 기전을 눈을 떴을 때 수행해왔기 때문에 굳이 보지 않아도 그들의 기술을 실행할 수 있었다. 그들은 이미 투구동작에 대한 피드백, 내면의 느낌, 그리고 적정한 정신적 접근법을 배웠기 때문이다.

본인의 좋지 못했던 투구를 잘 생각해 보자. 다시, 경기와 팀의 상황, 날씨 상태, 군중, 느꼈던 감정들, 신체가 어떻게 느껴졌는지 등을 자세하게 머릿속에 그려보자. 다양한 경기, 타자, 그리고 특정한 이닝을 생각하자. 이제 다음 몇 가지 사항을 맞으면 'T', 그렇지 않으면 'F'로 답해 보자.

1. 각각의 투구를 무엇으로 할지, 어떻게 던질지 그 모습을 시각적 형태로 정확하게 그려낼 수 없었다. T F
2. 커브볼(curve ball)이 잘 던져지지 않았다던지, 너무 바깥쪽으로 빠지는 볼을 많이 던졌다던지 하는 원하지 않았던 결과에 대해 너무 많이 생각하고 있다. T F
3. 움직임을 통해서 신체 일부분을 조정하는 것과 같이, 신체의 특정한 부분에 대해 잘 인식하고 있다. T F
4. 투구 집중도가 이전의 투구나 상황, 미래의 투구나 상황 혹은 완전히 경기에 관련이 없는 것에 관련되어 있었다. T F

성공적 시각화(계속)

5. 모션을 취하거나 투구를 던질 때, 목표물을 보던 기억을 상기시킬 수 없다. T F

6. 집중을 방해하는 것을 기억해 낼 수 있다. T F

본인의 반응을 살펴보아라. 만약 대부분의 질문에 'F'로 대답했다면, 투구를 성공적으로 던졌을 것이고, 'T'로 많이 답을 했다면 투구가 좋지 않았을 것이니, 독자도 대부분의 선수들과 비슷하다.

지속적으로 좋은 경기를 하는 선수들은 그들의 집중도를 잘 통제한다. 그들은 구체적인 시각화를 사용하고, 눈이 무엇을 보고 있는지 고조된 의식을 갖고 있으며 신체 에너지 조절을 잘해 그저 좋은 리듬(rhythm)과 타이밍(timing)으로 경기를 한다. 시각적 정신기술(Visual-mental)은 타격(hit), 주루(run), 혹은 다양한 투구를 할 수 있는 능력처럼 쉽게 배울 수 있다. 더 많이 노력하면, 더 많은 결과를 얻어낼 수 있다.

시각화의 기본기를 위해 애써야 하고, 꾸준히 개선되어야 한다. 하지만, 이것은 노력한 만큼 얻을 수 있다. 강한 어깨를 가진 많은 재능 있는 선수들도 지속적으로 항상 좋은 경기를 할 수는 없다. 여러분 스스로 시각화하고 당신의 시각화 능력을 충만하게 만들어서 경기에 임하세요.

지속적으로 성공적인 경기를 한 페드로 마르티네즈(Pedro Martinez)와 같은 선수들은 그들의 집중도뿐만 아니라 그들의 신체 에너지도 조절한다. 신체는 좋은 리듬(rhythm)과 타이밍(timing)에 반응한다.

주의 집중 Centering

빌 헤리슨(Bill Harrison) OD, AAO

많은 투수들은 신체적 투구과정(physical control) 조절을 통해 집중도를 통제하는 방법을 배우는 데 좋은 성과를 얻었고, 우리는 이것을 '주의집중(centering)' 이라고 부른다. 센터링은 집중에 관한 모든 것이다.

주의집중이 어떻게 작용하는지를 실제로 보여주기 위해서는 주위의 잡음에 귀 기울여보자. 사람들의 얘기 소리, 아기가 울기도 하고, 새가 짹짹 지저귀며 저 멀리서 소음이 들릴 수도 있고, 혹은 에어컨이 윙윙거리는 소리일 수도 있다. 이제 당신의 소매에 집중해보자. 시간을 갖고 집중해 보자. 주의집중을 당신의 옷에 옮기면서, 주위의 잡음은 어떠한가? 잠깐 동안 소리가 줄어들었는가? 하나의 시스템이나 목표에 집중하게 되면 나머지의 것들은 주위로 희미해지는 경향을 주목하자. 이 선택적인 주의 집중 과정을 '주의집중' 이라 부른다.

고속도로를 주행하다가 갈림길을 지나친 것을 갑자기 알아차린 적이 있는가? 책의 마지막 페이지까지 읽었지만, 아무것도 기억나지 않은 적이 있는가? 투수들이 포수를 바라볼 때, 이따금 선수 자신도 모르게 야구 경기가 아닌 완전히 다른 생각을 할 경우가 있다. 이 선수는 주의집중을 하고 있었지만, 즉시 투구할 준비가 되어 있지 않았고 좋지 못한 집중도의 결과가 발생하게 된다. 여기에서의 요점은 우리는 항상 주의집중을 하고 있다.

누구든지 오감을 통해서 한 생각에 집중할 수 있지만 주어진 시간에 하나에만 집중할 수 있다. 물론, 독자가 한 번에 하나 이상에 집중할 수 있기에 센터링을 한 곳에서 다른 것으로 빠르게 바꿀 수 있지만, 그것은 한 시간 동안 텔레비전을 시청하면서 5초마다 채널을 바꾸는 것과 유사하다. 한 시간 뒤에 분명히 텔레비전을 시청하면 많은 에너지를 소비하고, 끝까지 버텨 보겠지만, 아무것도 제대로 기억하지 못한다.

현재에 집중하기 Focusing in the Present

절정의 상태에서 투구를 했을 때, 아마도 현재에 집중했을 것이라고 기억할 것이다. 그때는 그 당시에 무엇이 일어나고 있는지 하나에만 집중했다. 이전의 경기, 상황, 혹은 향후에 대한 염려를 생각하지 않았다. 타자가 교체되면서 행동을 멈춘 상태에서는 투구 목표에서 머리 위의 구름, 멀리 서 있는 나무, 혹은 관람석에 있는 팬들(fans)에게 집중을 돌려야 한다. 단, 타자가 타자석에 섰을 때는 투구가 마무리될 때까지 거기에 집중해야 한다.

경기 상황이 어떻든 간에 현시점에서 집중도를 지속할 수 있게 도와주는 기술을 조정하는 방법을 배우자. 적정한 시간과 공간에서 투구를 해야 하는 것뿐만 아니라 적당한 선에서 집중도 해야 한다. 집중을 넓은 시야로 하면 가능한 많은 정보를 얻을 수 있고, 반면에 적절한 주의 집중(fine centering)은 작은 공간으로 집중력을 연결시켜 줄 수도 있다. 예를 들면, 투수를 위한 효과적인 적절한 주의집중은 포수 소매의 스티치(stitch)나 배지, 무릎 보호대의 스트레치(stretch), 혹은 글러브의 띠로 투수의 주의집중을 겨냥하게 해줄 것이다. 눈으로 목표물에 집중했을 때, 목표 이외의 물체들은 뿌옇고 서서히 희미해진다.

넓은 시야로 집중할 때는 스페이스 주의집중(space centering)이라고 부르는데, 말 그대로 간격을 두는(spacing out) 것을 말한다. 마음이 심란하면 한번에 한가지 일에 집중하지 못한다. 이것은 다른 스포츠에도 적용할 수 있다. 대부분의 선수는 목표를 두고 정확한 주의집중(fine centering)을 했을 때, 「킥킹(Kicking), 던지기(Throwing), 타격(Hitting) 혹은 터칭(Touching)」을 좀 더 정확하게 구사할 수 있다. 여기서 옳고 그른 방법은 없다. 다만, 앞에서 언급했듯이, 정답은 개개인에게 달렸다.

독자의 지난 성과에 연관 지어 보자. 가장 지속적으로 좋은 성과를 얻었을 때, 독자의 집중 정도는 어떠했는가? 지속적으로 가장 탁월한 선수가 되기 위해 필요한 집중력을 얻기 위해서 본인의 목표에 집중한 상태를 어떻게 유지할 수 있는지 배워야 할 뿐 아니라 정확하게 적절한 목표를 선정해야 한다.

목표 설정하기 Target Selection

목표 설정하기는 쉽게 풀이하자면 '투수로서 내가 해야 하는 일이 무엇인가?'를 물어보는 것이다. 많은 투수가 내게 투수로서의 일은 경기에서 이기거나 타자를 아웃 시키거나, 도루를 주지 않는 등이 할 일이라고 말한다. 하지만 이들은 실제로 바람직한 목표들이긴 하지만 우리의 주의집중을 위한 목표는 아니다. 비록 언제든지 경기의 점수나 특정 타자의 중요성 같은 경기 상태가 있을지라도 투수의 직분은 항상 같다. 마이너 리그의 트라이 아웃(try out)이던 월드 시리즈의 7회 경기이든, 투수는 목표를 향해 볼을 던져야 한다. 목표는 포수의 글러브, 마스크, 무릎보호대 혹은 홈 플레이트의 영역일 수도 있다.

불펜(bullpen)에서의 준비운동 혹은 경기 사이에서 운동할 때는 완전히 다른 상황이다. 예를 들어 선수나 코치는 특정 포지션에서 트레이닝이 필요하다고 결정하게 되면, 선수는 신체에 대한 인식체계(body awarness system)에 완전히 집중하는 것이 좋다.

선수의 성공기준은 적절한 어깨 회전의 시행 여부가 돼야 하지 목표를 향해 볼을 던졌는지 아닌지의 기준이 아니다. 사실 대부분의 투수가 투구동작을 실행한다고 했을 때 그들은 투구동작에 집중할 것으로 생각하지만, 움직임을 통해 볼을 던질 때에는 일반적으로 선수들은 특정 기본원칙에 집중하는 것이 아니라 그들이 무엇을 느끼고 어떤 목표를 봤는지 '공간 주의집중'을 한다는 것을 알아냈다. 이것은 천편일률적인 좋지 못한 투구동작의 결과를 낳는다. 선수들이 경기에서 좋은 기술을 성공적으로 실행하려 할 때는 투구동작과 기본원칙을 준비하는 것이 매우 중요하다. 특정한 기본원칙을 정하고 그것에 집중하라. 투구의 정확도나 양질은 우려하지 말자. 백네트(back net)로 공을 던진다고 해도 제대로 시행된 기본원칙은 궁극적으로 선수의 유효성에 도움을 줄 것이다. 당면한 과제는 적절하고 자연스러운 반응이 되게 기본 원칙에 집중하고 개선 시키자.

어느 특정한 신체 일부분에만 집중한다면 나머지 신체는 적당한 타이밍(timing)과 리듬(rhythm)에 맞게 따라오지 않을 것이다. 그 특정한 근본적 움직임(movement)은 개선된다. 노력의 결과는 투구동작에 집중했을 때 스트라이크를 던질 수 있는 능력으로 판단되지 않는다. 차라리, 마운드에서 우수한 투구를 할 수 있는 능력과 신체가 반응할 수 있도록 할 때 판단된다. 만약 좋은 투구동작과 부합하지 않을 때는 좀 더 구체적으로 기본핵심에 집중하게 불펜으로 돌아가라. 구체적으로 기본 핵심에 집중해야 하지만, 이 연습 기간은 다음 경기에서 사용할 정신적 경기계획에 명확하게 집중할 것도 포함해야 한다.

볼펜에서는 다른 목표들에 주의집중(centering)도 연습해야 한다. 체중이동(delivery)을 시작하고 끝날 때까지 목표를 계속 바라보거나 목표에 스팟 주의집중(Spot centering)을 하거나 혹은 움직임 중에는 먼 곳을 바라보다 투구동작을 하기 전에 목표물을 바라볼 것인지를 결정하라. 아마 선수마다 전문 지식이나 집중 능력이 커지기 때문에 선수에게 가장 잘 맞는 집중은 그때마다 조금씩 다를 수도 있다.

선수는 경기계획을 개선 시켜야한다. 비록 점수나 상황이 달라질 수 있으나, 각각의 기본원리 조절을 유지할 수 있게 경기계획이 필요하다. 결국에는, 어느 경기 상황에서도 선수가 해야 할 일은 항상 목표를 향해 볼을 던지는 것이다. 그 과제는 점수나 경기 상황이 바뀌더라도 절대 변하지 않는다. 그러므로 선수가 아플 때나 건강할 때, 기분이 변덕스럽고 경기를 이기고 있든 지고 있든 모든 상황에서도 실행 가능한 지속적인 계획을 세워야 한다.

주의집중 계획 A Centering Plan

경기 접근법의 지속성을 개선 시킬 수 있는 계획 몇 가지가 있다. 이 계획을 통해서 경기 경험에서 많이 배우고 연습 운동을 통해서 많은 것을 얻을 수 있다. 웬만한 신체 운동처럼, 이 접근법은 어느 정도의 연습량으로 가능성까지만 도달할 것이다. 적당하게 발전이 되면, 연습을 통해 이 접근법은 자연스럽고 반사작용으로 변하고 경기에 접하는 방법이 무의식적으로 작용할 것이다. 각 투구를 하기 전에, 다음 다섯 가지 단계를 살펴보도록 하자.

1. 상황을 분석하라: 이 단계는 복잡하지 않지만, 만약 이 단계를 경기 차원(수준)에 포함하지 않는다면, 일관성이 없음을 알게 될 것이다. 이 단계를 통해서, 경기 상황, 점수, 카운트(count), 아웃(out), 주자(base runner)를 조사하고 타자를 분석하라. 여기서 가장 잘 던질 수 있는 투구를 결정하지만, 마지막 투구 선택을 하기 전에는 타자가 무엇을 물색하고 있는지도 생각하라. 독자가 대처해야 할지 모르는 수비 상황에 대해서도 생각하자. 이 단계의 한 부분은 포수가 사인(sign)을 주기 전에 일어나고 어떤 부분은 그 후에 일어나기도 한다.
2. 투구를 마음 속에 그리고 활력을 불어넣어라: 이 단계를 어떻게 효과적으로 사용할 지를 불펜에서 실험하고 실제 경기 상황에서 배워라. 최저치는 선수가 볼을 던지고 마지막 궤도에서 실제로 볼 수 있는 투구의 마지막 15~20 피트를 상상하라. 이 시각화의 질은 이 단계의 유용성에 직접적으로 영향을 주기 때문에 특정한 투구의 회전(spin)도 상상에 포함에서 구상할 수 있게 시도하자. 연습을 하면서, 완벽한 투구동작을 적절한 매커니즘과 신체를 통한 에너지 흐름을 느낄 수 있게 해준다. 그러면, 투구동작 시각화는 목표를 향해 움직이는 투구동작의 궤적으로 전환될 것이다.
3. 목표에 정확한 주의집중(fine centering) 하라: 가장 작은 목표에 가능한 정확하게 집중하라. 정확한 주의집중은 볼을 어렵게 던지거나 조준하라는 의미가 아니다. 비록 선수의 정신으로 정확한 주의집중을 하지만, 신체가 목표로 자연스럽게 흐르도록 하자. 이것은 선수의 주의집중(centering)이 신체 에너지를 지시하고 조절하는 것이다.

4. 실행하라: 적절한 투구 시행은 기본기, 기본원칙과 기술, 원하고자 하는 경기의 구상화와 목표의 집중을 가졌을 때의 결과물이다.
5. 되돌아보라: 이 단계는 일관된 최고의 경기 수행을 마스터하기 위한 단계이다. 각각의 투구 후, 투구에 관하여 해석했는지, 시각화했는지, 적절하게 집중을 했는지 안 했는지를 판단하라. 이 단계는 좋은 목적을 갖는 것보다 더 많은 것을 얻을 수 있다. 시작하라! 특히, 불펜에서 이전의 투구 시작과 마지막 단계를 시각화할 수 있게 각 투구 후에 본인의 습관을 개선하라. 이전의 투구를 구상할 때, 투구 전 구상의 정확성과 질을 되풀이/재연하고, 투구를 하면서 본인이 어디에 집중했는지도 다시 되짚어 봐라. 여기서부터 혹 주의집중 조절 중 신체적 기본원칙 실수 같은 원인으로 실수/실패가 있었다면, 무엇에 계속 집중해야 좋은 결과를 낳을 수 있는지 정확하게 알 수 있을 것이다. 경기수행 중 종종 발생하는 실수는 부적절한 주의집중이 원인이다. 주의집중 조정을 통해서 다음 투구에서는 적절한 기본원칙 수행을 다시 할 수 있다.

하우스 룰 HOUSE RULES

우리는 경기 중에 선수들이 평소와는 달리 경기가 '유난히 잘 될 때(in the zone)' 가 있다는 말을 모두 들어보거나 읽어본 적이 있다. 그것은 정신과 신체에 주어진 과제(집중 과정)를 잘 조절한 성공적인 경기수행을 의미한다.

- 순서대로 과정을 조정하라: 필수적인 동작을 보고, 느낀 다음 이행하라.
- 연습과 실전에서의 모든 던지기와 투구 과정에 전념하라.

보고, 느끼고, 실행하라!

이 장에서는 집중을 통한 투구에 대해 의논하였고, 제10장으로 넘어가 어떻게 자신감을 갖고 투구를 할 수 있는지 살펴보자.

CHAPTER 10

자신감 Confidence

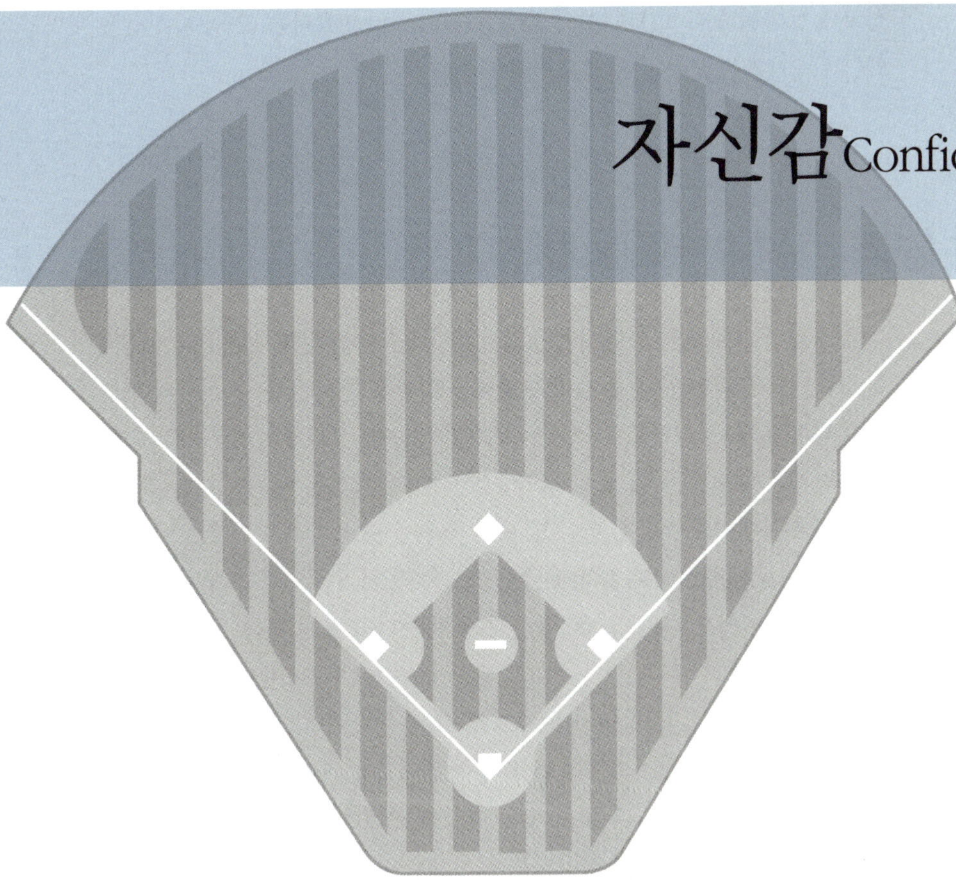

"자신감은 경기에서 이기는 것에서 오기보다는 지는 것을 두려워하지 않는 마음에서 온다."

자신감은 성공에 뒤이어 오거나 준비 단계에서 선행되는 뭐라 딱히 꼬집어 말할 수 없는 느낌이다. 여기서 중요한 단어는 느낌(feeling)이다. 투수는 자신감을 생각하는 것이 아니라 느끼는 것이다. 적절하게 준비가 된 선수는 그렇지 않은 선수보다 경기를 이길 수 있다는 기회에 대해 더 많은 자신감을 느끼게 된다. 야구에서, 자신감은 선수의 경기준비 능력을 향상시키고 방어하는 일종의 커다란 정서적 도구이다. 나의 책과 비디오, 클리닉과 자문 상담에 볼 수 있듯이, 나는 중요한 순서대로 가장 기본에서 복합적인 부분을 단계적으로 알려주고 가르친다. 이번 10장에서는 동일한 방법으로 설명할 것이다. 자신감의 기초는 다음과 같이 (1) 경기를 위한 준비, (2) 경기와 수행, (3) 수행성과에 토대를 둔다. (1)과 (3)의 동반상승(synergy) 효과는 (2)의 자신감을 뒷받침 하지만 자신감 있는 투수에게는 모두 같은 중요성을 갖는다.

자신감 얻기 GAINING CONFIDENCE

경기를 준비할 때는 통합시켜야 할 4가지 부분: (a) 정신적 훈련, (b) 신체적 훈련, (c) 영양의 조절, (d) 기술 훈련이 있다. 각각의 부분에 쏟아야 하는 노력은 각 선수의 재능과 기술의 복합적인 면에 따라 다르다. 상식적으로 재능이 부족한 선수는 경기에서 좋은 경기수행을 뒷받침해줄 수 있는 기술을 개선할 수 있게 더 열심히 연습해야 한다. 요점은 수준이 높은 경기에서 선수가 경기준비의 어느 한 부분이라도 소홀히 한다면, 운이 좋을 수도 있거나 자만해 보이지만, 절대로 자신감이 있을 수 없다. 아무리 많이 기도를 해도 소용없으며, 조금의 미신도 그 어떤 것도 준비 부족을 보상해주지 않는다(성경에서도 신은 스스로 돕는 자를 돕는다고 쓰여 있다).

자신감의 기반이 되는 경기 준비에 대한 책무는 선수가 반드시 가져야 할 책임이다. 책임은 대인관계에 관련되어 코치들한테서 올 수도 있고, 또는 선수 내적으로 그의 경쟁 결과에서 올 수도 있다. 투수와 코치들은 책임과 의무는 반드시 선행되고 그에 뒤따르는 것이 결과라는 것을 알아야 한다. 선수는 코치가 아무리 좋은 코치여도, 경기에 실패하고 이기는 것에 상관없이 반드시 준비를 해야 한다. 연습이나 경기상황에서 경기준비는 매우 솔직한 결과를 낳는다. 누구라도 경기를 할 수 있지만, 경기는 승자와 패자를 구분하며, 상대팀을 이기고 주어진 일을 마치는 일이다. 야구는 진화론과 같다. 이기지 못하면 지는 것이다. 너무 많이 지면, 경기에서 퇴장당한다. 나는 경기에서 시도하는 것과 임하는 것에 대해 자세히 덧붙일 필요가 있다. 너무 많은 선수들이 열심히 시도하는 것에만 책임과 의무만을 다한 적이 있다. 코치와 부모님들은 선수들에게 단순히 열심히 도전하는 것이 충분치 않다는 것을 이해할 수 있도록 가르치지 않고 있다.

장학금을 받거나 프로계약을 체결하기 위해서 도전하는 것은 시작에 불과하고, 선수는 경기에서 꼭 성과를 거두어야 한다. 여기서 나의 메시지를 오해하지 않았으면 한다. 12살짜리 선수가 22살의 선수처럼 경쟁하라는 의미가 아니다. 작은 연맹 선수가 경기를 하고, 도전하고, 스스로 배우고 즐거울 수 있도록 하라. 이런 어린 선수들이 장학금이나 사이닝 보너스(signing bonus: 계약 체결 시 선지급되는 계약금 같은 돈)를 이해하고 야구에 전념할 수 있을 때, 선수들은 경기에 임할 수 있다. 이런 선택을 위해 기간이 필요하다면, 이런 결정을 처리할 수 있는 주로 고등학교 1~2학년 때가 될 것이다.

커트 실링(Curt Schilling)의 자신감은 경기 전의 탄탄한 준비에서 온다. 적절하게 준비가 된 선수는 그렇지 않은 선수보다 경기를 이길 수 있는 확률이 높다는 것에 대해 더 많은 자신감을 가진다.

자, 이번 10장의 첫 문단에서 언급했던 것처럼, 경기준비는 경기할 수 있는 자신감을 만들고, 경기에서의 성과는 자신감을 느낄 수 있도록 보강해주며, 성공적인 임무수행은 대중적, 개인적으로 자신감을 만들어 주는 역할을 한다. 이들은 서로를 강하게 만들어 준다. 자신감에 대해 마지막으로, 경기준비의 전 과정, 경기, 성과의 전체적 과정은 야구뿐만 아니라 인생에 있어서 선수의 본질과 성격에 놀랍게 작용할 것이다.

하우스 룰 HOUSE RULES

코치와 선수들은 반드시 올바른 경기 준비를 할 수 있도록 올바른 정보를 가져야 한다. 항상 "왜 내가 성과를 올릴 수 있었는가?", "왜 내가 성공하지 못했나?"에 대해 스스로 물어라. 만약 올바른 답을 얻지 못했다면, 답을 얻을 때까지 찾아라.

코치와 선수들은 자신감과 올바른 경기준비가 실전에서 제대로 된 결과를 만들어 낼 수 있음을 알자. 야구는 운에 좌우되는 게임이 아니다. 그리고 그런 경기를 더이상 신뢰하지 않는다.

단순히 시행하지 말고, 올바르게 시행하라!

이제, 자신감이 무엇인지 정의가 내려졌고 의논해 봤으며, 자신감은 어떤 수준의 경기에서도 투수를 위해 가르쳐질 수 있는 느낌이라는 것을 알았으니, 우리는 마운드에서 정신적 강인함을 만들고 정서적 균형을 확립할 수 있는 스스로의 방향설정(self-direction)라는 또 다른 중요한 요소로 넘어갈 준비가 됐다.

CHAPTER 11

스스로의 방향설정 Self-Direction

목적이 무엇인지를 잊었을 때, 나는 두 배의 노력을 했지만 아무런 성과가 없었다.

이 책의 모든 장(chapter) 중에서 이번 장이 가장 확실하게 선수들의 찬성과 반대로 무게가 실릴 수 있다. 32년간의 프로야구 경험, 5년의 클리닉 경험, 25년간의 학술연구를 바탕으로, 선수 스스로 방향을 정하지 않는 이상 야구에서 살아남을 수 없었다. 스스로의 방향설정(self-direction)은 선수들의 기술과 성격이 다양한 것처럼 이것에 대한 해석과 적용이 많으나 거기에는 공통된 맥락이 있다. 이전 10장에서 우리는 자신감에 대해 알아봤고 당부하였다. 우리는 또한 각 선수에게 직접적으로 책임과 의무가 어디에 속해 있는지 알고 대처했다. 이제 우리는 선수가 스스로 자기 지시를 내릴 수 있는 과정을 상세하게 다루며 지금까지 배워 온 모든 것을 통합할 것이다. 나는 선수들의 인종, 경제적 배경, 나이, 지능을 막론하고 모든 성공적인 투수들의 이런 과정을 관찰해 왔다. 자기 지시의 토대를 살펴보며 이 장을 시작하자.

자기 인식을 통해 스스로 돕기 HELPING YOURSELF THROUGH SELF-AWARENESS

선수들은 본인 스스로를 도울 수 있도록 받드시 본인들에 대해 알아야 한다. 여기에 사실은 4 단계의 자기인식(self-awareness)이 있는데 이는 선수의 재능과 기술, 정보와 경험, 그리고 경기와 수행 수준의 기능으로써 모든 투수들이 거쳐야 하는 단계이다.

1. 무의식적인 무능력(야구에 대해 아무것도 모르고 아무것도 할 수 없는 단계)
2. 의식적인 무능력(야구에 대해 어느 정도 알고 있으나 배경지식으로 아무것도 할 수 없는 단계)
3. 무의식적인 숙련도(야구에 대해 거의 알지 못하나 어떻든 실행하는 단계)
4. 의식적인 숙련도(야구에 대해 무엇을 알아야 하는지 알고 성공적으로 행하는 단계)

분명히, 이 단계는 모든 선수가 최종적으로 도달해야 하는 단계이다.

3단계는 선수가 실수/실패를 많이 하는 단계이고, 선수는 그 실수들을 어떻게 보강해야 하는지 모른다. 2단계는 대게 짧은 경력에서 오는 재능 및 기술의 결과이고, 1단계는 당연히 초보단계이다.

자기인식을 하기 위해서는 객관적인 자기평가가 필요하다. 위의 4단계를 보면서 특정시점의 평가 동안 자신이 어느 단계에 있는지 알아낼 수 있다. 만약 자신이 원하는 단계에 있지 않을 때는, 어느 단계에 있고 싶은지 확실히 결정하고 유추해야 한다. 이것은 마음과 신체를 집중시키고, 당신의 준비단계를 좀 더 효과적으로 만들 것이다.

목적 혹은 목표 시리즈를 결정하면 열심히 하지 않고는 성과가 없을 것이다. 지금 어느 수준에 있는지를 평가하다 보면 감정적으로 화가 날 수 있으나 현실을 깨워줄 수 있다. 자기계발이나 자기 지시를 지연시키게 두지 마라.

자기감정 이해는 스스로 방향 설정과 자기인식을 위한 필수조건이다. 최적인 감정 수준은 통제되는 것이 아니라 스스로 다루는 것이다. 화, 크게 기뻐함, 공격성, 공포, 염려와 불안감은 일반적인 감정들이다. 이런 감정들이 물론 적절한 이유로 적당한 시간과 장소에서 적절하게 새어 나온다면 받아들여질 수 있다. 성공적인 경험이 많은 선수들도 성급한 초보자처럼 경기 중 같은 극심한 감정들을 경험할 것이지만, 그들은 감정들을 적절하게 다루는 법을 배워왔다. 경험이 많은 선수들은 좀

처럼 감정이 경기를 방해하게 두지 않는다. 자기감정 관리 능력은 배울 수 있고, 이는 야구 경기장 안팎에서 성공과 실패의 중요한 대응요소가 된다.

일부 선수들은 목표 문제를 가진 적이 있다. 승리와 패배, 스트라이크와 볼, 안타와 스트라이크 아웃과 같은 성공과 실패는 외부의 기준점이다. 이것은 선수들에게 내부적이고 고유적이기 때문에 대부분의 문제를 야기하는 경기에서의 성공과 실패를 포함하는 느낌이다. 이 느낌은 심리적, 신경학적, 면역학적인 과정을 거치고, 이것은 신체에서 투쟁-회피-정지 반응을 이끌어낸다. 감정은 이런 반응들의 부분집합이다. 이러한 모든 감정이나 느낌들은 일반적이고, 이런 감정이나 느낌은 시즌에서 시즌, 경기에서 경기, 이닝에서 이닝, 혹은 투구에서 투구 사이에 일어날 수 있다. 이런 감정들을 수용하고, 행하고, 다루도록 하나 감정들이 단순히 경기준비나 경기수행을 지연시키도록 두지는 말자.

동기부여를 다루는 것 또한 스스로의 방향 설정, 자기인식 및 자기평가를 위해 중요하다. 야구는 실패의 스포츠 경기인 것을 기억하라. 누구든지 상황이 잘 되면 동기 부여가 된 상태를 유지할 수 있다. 하지만, 실패의 순행이 따르기 때문에, 야구에서의 동기 부여는 지속성을 요구한다. 어떤 동기부여가 근육을 강하게 만들 수 있게 지속되고 있는지 알아보자, 그것은 오로지 야구에서는 지속성만이 살아남기 때문이다.

성공을 위한 긍정의 사용 USING AFFIRMATIONS TO SUCCEED

자기지시, 자기인식, 자기감정 관리를 긍정적으로 생각하다. 긍정(affirmation)은 스스로에게 줄 수 있는 주어진 과제나 본인에 관한 확신 있는 적극적인 표현이다. 이들은 신체와 경기 수행과 함께 의식적 잠재의식과 통합이 된다. 여기에 수만 가지의 가능한 확인사항들이 많다. 다음 페이지에 수록된 하우스 룰(house rule)에서 나는 현실적 확인사항들을 제공할 것이다. 내가 야구에서 찾은 최고의 긍정들은 (1) "나는 이걸 할 수 있어" 또는 "그래, 할 수 있어"와 같은 긍정적인 칭찬을 신체에 어느 상황에서도 주는 포괄적인 말이나, 혹은 (2) "나는 이 운동을 할 수 있어", "나는 커브볼(curve ball)을 스크라이크가 되게 던질 수 있어"와 같이 어느 특정한 과제와 상황에 긍정적 메시지를 포괄적인 말로 전달하는 것이다. 이런 긍정적 생각을 계속하게 되면 실패의 스포츠 경기에서 부정적인 측면들을 극복할 수 있다.

자기인식과 자기감정 관리와 함께 "할 수 있을 때까지 할 수 있는 척을 해라. 오로지 본인 스스로를 불안하게 하고, 화나게 하고, 어떻게 겁줄 수 있는지 안다. 몇 번이고, 통제를 하는 것처럼 보이는 것은 우리에게 통제력을 준다.

동기부여 상태를 유지하려면, 의례적인 일을 피하고, 본인에 맞는 통상적 순서와 방법을 찾아라. 통상적 순서와 방법이란 뜻은 본인 스스로 선택을 통제하는 것이다(의례적인 방법은 너를 통제한다). 의례적 방법은 변함없는 오버트레이닝이나 신경부진을 일으킨다.- 본인을 이겨라!

이론상으로는 꽤 쉬어 보이지만, 그렇지 않다. 그리고 경기장 마운드에서는 통제할 수 없는 변수들이 많기 때문에 절대로 쉽지 않다. 그러나 연습으로 본인의 몸과 마음을 총괄하여 주어진 경기 과제의 통제 가능한 변수를 다룰 수 있게 가르칠 수 있다.

하우스 룰 HOUSE RULES

야구에서 중요한 결정을 하기 전에 다음의 긍정(affirmation)을 사용하자.

- 자신에게 다음의 질문을 해보자: 나를 위해서 무엇을 해야 하는가? 나 혹은 다른 이에게 부상을 입히는가? 나의 믿음이 목표에 부합하는가? 내가 보는 것이 현실과 상응하는가? 어떤 결과도 받아들일 수 있는가?
- 진심으로 경기에서 성과를 올리고 자신감을 높이려면, 나는 나의 성장, 임무 수행이나 행복을 다른 사람 때문에 포기하지 말아야 한다.
- 내 자신에게 존엄성을 갖고 대하고, 정열, 지혜, 자유, 경기의 재미를 느끼며 야구에서의 성과를 위해 다가간다. 나는 내 스스로 권한을 갖는다.
- 나의 잠재의식에 내재되어 있는 경기력을 발휘하기 위해서는 자신이 선택한 대로 실행하고 나 자신의 선택을 믿는 것이 매우 중요하다. 자신에게 선택권을 주는 것은 굉장히 중요하다. 야구에서 자신의 필요성, 목표의 수행을 추구할 때, 자신에게 참되지 못하거나 책임과 의무를 포기한다면 자신감을 가질 수 없다.
- 나는 "~을 해야만 한다", "~을 할 수 없다", 그리고 "그들은 나를 ~을 허용하지 않는다."라고 나 자신을 가두지 않고, 경기에서의 성과를 선택할 수 있는 자유를 허락하라.
- 나 자신의 자유 선택권으로부터 작용하는 것을 인정하고, 나를 자격이 없거나 필요 없는 무능력한 사람이라고 생각하거나, 중요하고, 소중하고, 흥미로운 사람이라고 인식할 수 있다. 나는 상냥함, 배려함, 충성심, 도움이 되거나 연민을 선택할 수도 있고, 게으름, 불성실, 비겁하거나 비열함을 선택할 수도 있다. 나는 행복, 자유와 투수로서 성공함을 선택하거나 실패, 하찮거나 다른 사람보다 못하다고 선택할 수도 있다.
- 만약 내가 야구에서 이 자유를 허락한다면, 나는 내 결정과 행동에 책임을 져야 하는 것을 인식해야 하고, 그것이 야기하는 결과를 받아 들이는데 주저함이 없어야 한다.
- 나는 나의 모든 행동에 답을 할 사람이 나라는 것을 알고 그에 맞춰 이득을 얻거나 악화 되는 것을 알아야 한다.
- 다른 사람이 나에 관해 무슨 의견을 가지던 나 자신을 어떻게 생각하는지 와는 별개이다.

결론 CONCLUSION

당신과 당신이 가르키는 투수는 경기에 대한 계획을 가지고 있는가?. 이것이 투수나 코치들에게 마지막 질문인가? 아니 이것이 오늘날 이 시점에서 최고의 방법이란 말인가? 내가 어떤 오래된 것들을 가르치기 위하여 좀 더 나은 방법을 발견하고 우리가 투수들을 가르치기 위한 방법을 개선하기 위하여 지도법이나 새로운 정보를 발견해온 오랜 시간만큼 나는 눈으로 입으로 계속 지도할 것이고 나의 지도법을 새롭게 만들어나갈 것이다.

당신의 패러다임을 바꾸길 두려워하지 마시오. 틀에서 벗어나시오. 어느 누구도 내가 가지고 있는 것보다 투수들을 준비시키는데 항상 옳거나 틀린 사람은 없다. 좋은 감각을 유지하는 방법을 익히는 자신을 방해하지 마시오. 좋은 의도는 멋진 일이다. 하지만 좋은 정보, 지도법, 그리고 영감도 필요하다. 그리고 기억하시오. 승리가 중요할지라도 어느 누구도 승리를 좌지우지할 수 없다는 것을. 투수는 그가 가진 것을 최고로 만들고 자신을 스스로 통제할 수만 있다. 최고는 승리를 이끄는 것처럼 보일 것이고 적어도 승리를 위하여 자신이 해야 할 일을 게임에서 유지하는 것이다. 투구의 기술은 가지고 태어나는 것은 아니고 트레이닝을 통해서 개발 되어지는 것이다. 이러한 생각의 접근법은 기적을 베풀지는 않지만, 투수들이 자신의 운동수행능력을 최고점에 접근하도록 도와주고 최고의 피칭을 할 수 있도록 이끌어준다.

찾아보기 Index